Virtuelle Teams

Eine Möglichkeit, komplexe Aufgaben über Raum, Zeit und
Organisationsgrenzen hinweg effektiv zu meistern?

von

Martin Sulzbacher

Tectum Verlag
Marburg 2003

Sulzbacher, Martin:
Virtuelle Teams.
Eine Möglichkeit, komplexe Aufgaben über Raum, Zeit und Organisationsgrenzen
hinweg effektiv zu meistern?.
/ von Martin Sulzbacher
- Marburg : Tectum Verlag, 2003
ISBN 978-3-8288-8489-2

Tectum Verlag
Marburg 2003

Inhaltsverzeichnis

1 Einleitung

Virtuelle Teams – ein Schlagwort, das in einem Zeitalter immer schneller fortschreitender technischer Entwicklung und Veränderung entstanden und modern geworden ist und dem möglicherweise in Zukunft große Bedeutung zukommen wird.

Gemeinsam mit den Begriffen „E-commerce", „E-learning", „Virtuelle Organisation" und noch vielen anderen Beispielen sind auch „Virtuelle Teams" bereits in den Wortschatz unserer Zeit aufgenommen worden – doch was sind virtuelle Teams eigentlich?

Trotz der momentan relativ hohen Popularität dieses Themas gibt es dazu bislang nur wenig wissenschaftliche Unterlagen. Natürlich, es gibt eine relativ große Palette an Literatur mit Hinweisen zur Bildung bzw. Entwicklung virtueller Teams, angereichert mit Checklisten und guten Ratschlägen – doch oft fehlt es hier schon am Grundlegenden – einer Definition von virtuellen Teams. Nochmals also die Frage – was sind virtuelle Teams eigentlich?

Wodurch sind sie gekennzeichnet und – im Gegenzug – was sind sie nicht? Wie und warum entstehen virtuelle Teams, wo liegen ihre Potentiale, wo sind ihre Grenzen? Und vor allem: Wie kann es gelingen, virtuelle Teams aufzubauen, zu führen und leistungsfähig zu gestalten?

Mit diesen und noch einigen weiteren Fragen wird sich der Autor im folgenden beschäftigen.

Um eine Annäherung an das Thema zu erreichen, wird zuerst der Begriff des „Teams" im herkömmlichen Sinn erörtert. Wie unterscheiden sich die Begriffe Team und Gruppe – was ist eine Gruppe, wie läuft ein Gruppenbildungs-Prozess ab, wie wird aus einer Gruppe ein Team?

Zu welchen Problemen kann es in den verschiedenen Phasen kommen, die Gruppen bzw. Teams im Zuge ihrer Entwicklung durchmachen – und wie kann man mit diesen Problemen umgehen. Danach wird der Sprung zum virtuellen Team gemacht. Wie kann es definiert werden – und wie vom herkömmlichen Teambegriff abgegrenzt.

Hier wird eine kritische Betrachtung hinsichtlich der Bezeichnung „virtuelle Teams" erfolgen – ist diese wissenschaftlich überhaupt vertretbar?

Die zentrale Frage, die diese Arbeit beantworten soll, lautet schließlich:

„Worauf kommt es bei der Bildung virtueller Teams an – wie sollten derartige Teams organisiert und geführt werden, um ihre Leistungspotentiale ausschöpfen und die Teamziele erreichen zu können?"

Nach dem Theorieteil werden auf Basis der angeführten Theorie Hypothesen hinsichtlich virtueller Teams gebildet, welche im Anschluß mittels Durchführung persönlicher Interviews überprüft und gegebenenfalls revidiert werden.

Den Abschluß der Arbeit bildet schließlich eine Zusammenfassung der Ergebnisse und Erkenntnisse, die im Zuge dieser Arbeit gewonnen wurden und eine Beantwortung der zentralen Frage darstellen.

2 Was sind Teams

2.1 Zum Thema „Team"

Auch schon bei einer ersten, oberflächlichen Annäherung an das Thema „Team" ist eines auffällig: Die Vielzahl an verschiedenen Definitionen bzw. die vielschichtige Verwendung dieses Begriffs.

Das englische Wort „Team", dem ursprünglich die Bedeutung eines Gespanns zugrunde lag, hat sich auch im deutschsprachigen Bereich – insbesondere in Sport und Wirtschaft – weitgehend durchgesetzt, auch wenn die Abgrenzung zur „Gruppenarbeit" nur marginale Differenzen aufzeigt. [1]

Der Duden definiert den Begriff Team folgendermaßen: *„Team, das: a) Gruppe von Personen, die mit der Bewältigung einer gemeinsamen Aufgabe beschäftigt ist; b) Mannschaft (Sport)."* [2]

Diese Definition enthält, wie man in späterer Folge feststellen wird, zwei wesentliche Punkte zum Teambegriff: Die **gemeinsame Aufgabe** und die **Gruppe von Personen**. Im Sport ist der Teambegriff schon vor seinem Einsatz in der Wirtschaft zur Anwendung gekommen, der Fokus dieser Arbeit wird jedoch auf Teams aus dem Bereich der Wirtschaft liegen.

---

[1] vergl. Wiendich, G. „Teamarbeit", in „Handwörterbuch der Organisation", Prof. Dr. Erich Frese (Hrsg.).

[2] Scholze-Stubenrecht, W. (Red. Bearb.), „Duden, Fremdwörterbuch", 1997, S. 800.

Auch Christoph v. Haug[3] erkennt die Vielschichtigkeit des Teambegriffs, er versucht sich dem Thema „Team" zu nähern, indem er folgende **sechs Dimensionen** anführt, in denen Assoziationen zu diesem Thema auftreten:

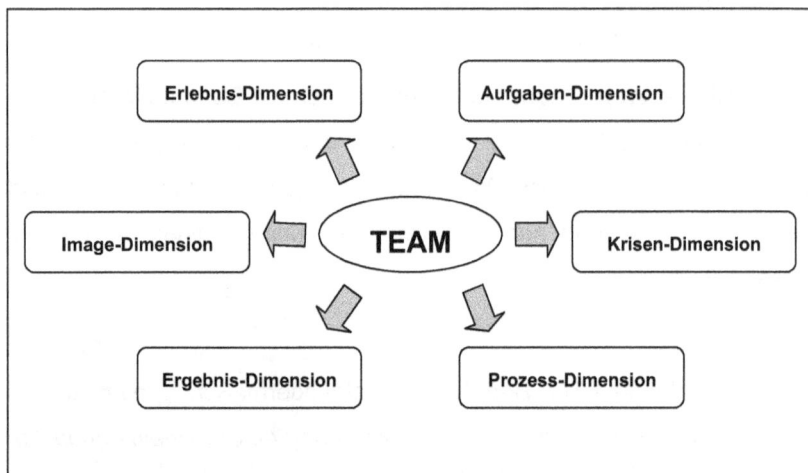

Abbildung 1: Assoziationen zum Begriff Team
Quelle: Christoph v. Haug, 1994, S. 14

1. Erlebnis-Dimension:

Das Team wird in erster Linie als eine Gemeinschaft aus Gleichgesinnten, die „auf derselben Wellenlänge funken", empfunden. Im Vordergrund steht damit der Aspekt gefühlsmäßiger Verbundenheit.

---

[3] v. Haug, C., "Erfolgreich im Team", 1994, S. 13 f.

2. Aufgaben-Dimension:

Zusammenschweißendes Element ist in diesem Fall die gemeinsame sachliche/fachliche Aufgabenstellung und Herausforderung, zu der jeder seinen spezifischen Teil zum Gelingen beitragen muss.

3. Image-Dimension:

Ein Team zu sein hat häufig auch einen Marketing-Aspekt. Es ist derzeit eben „in", sich als Team darzustellen, auch wenn es nur ein strategischer Deckmantel ist, den sich eine Ansammlung von Einzelkämpfern umhängt.

4. Krisen-Dimension:

Häufig finden sich Mitarbeiter erst dann zu einem Team zusammen, wenn es „brennt", d. h. in Krisenzeiten. Interessanterweise funktioniert das nicht selten erstaunlich schnell und gut. Allerdings ist der Bestand des Teams erfahrungsgemäß von kurzer Dauer und beschränkt sich auf den Zeitraum, in dem problembezogene „Feuerwehr-Aktionen" nötig sind.

5. Prozess-Dimension:

Diese Dimension stellt insbesondere den Gesichtspunkt bereichs- bzw. abteilungsübergreifender Zusammenarbeit im Interesse der Sache in den Mittelpunkt. Das Team soll dazu dienen, die durch Arbeitsteilung entstandenen Schnittstellenprobleme wenigstens teilweise (wieder) zu beseitigen.

6. Ergebnis-Dimension:

Schließlich können Teams ausschließlich von der Faszination des gemeinsam angestrebten Zieles / Ergebnisses getragen sein. Im extremen Fall berücksichtigt das Team dann den einzelnen nicht mehr bei seiner Vorgehensweise, sondern für den Erfolg heiligt der Zweck alle Mittel.

Laut v. Haug[4] ist ein Team „ ... *eine Gruppe von Mitarbeitern, die für einen ganzen, geschlossenen Arbeitsgang verantwortlich ist und die das Ergebnis ihrer Arbeit als Produkt oder Dienstleistung an einen internen oder externen Empfänger liefert. Je nach ihrer Funktion arbeiten die Mitglieder mehr oder weniger intensiv zusammen, um ihre Leistung zu verbessern, alltägliche Probleme zu lösen, ihre Arbeit zu planen und die Ergebnisse zu kontrollieren. Mit anderen Worten: Sie leisten nicht nur Arbeit, sondern organisieren sich auch selbst.*"

---

[4] v. Haug, C., „Erfolgreich im Team", 1994, S. 15.

Ein laut v. Haug wichtiger Punkt dieser Definition ist die **Aufgabenorien-tierung**. Ein Team wird hier als eine Gruppe verstanden, die eine ganz bestimmte Aufgabe zu lösen hat – das Ergebnis ist ein Produkt oder eine Dienstleistung an einen Empfänger. Von großer Bedeutung ist für v. Haug auch, dass sich Teams selbst organisieren.

Ein Punkt, der in der Team-Definiton von v. Haug nicht erwähnt wird, für andere Autoren jedoch ein wesentliches Kennzeichen von Teams darstellt, ist der soziale Aspekt.

Monika Frech[5] zum Beispiel versteht unter einem Team „ ... *ein soziales System, das durch besonders ausgeprägtes Zusammengehörigkeitsgefühl und sogenannten Teamgeist gekennzeichnet ist.*"

Frech betont in ihrer Definition das **Zusammengehörigkeitsgefühl** – den **Teamgeist**. Schon aus diesen beiden Definitionen kann man erkennen, dass eine Abgrenzung zur Gruppe oft nicht so leicht zu treffen ist.

Während bei v. Haug ein Team „... *eine Gruppe von Mitarbeitern ...*" mit gemeinsamer Aufgabe und Selbstorganisation ist, baut Frech auf das stark ausgeprägte Zusammengehörigkeitsgefühl. Doch kann das nicht eine Gruppe auch vorweisen? Oder kann hier bereits eine Unterscheidung getroffen werden?

---

[5] Frech, M., „Die Bedeutung von Gruppenarbeit", in Kasper/Mayrhofer (Hrsg.), „Personalmanagement, Führung, Organisation", 1996, S. 296.

Eine ganz andere Frage stellen sich die Autoren Katzenbach/Smith[6] – nämlich die, warum man eigentlich versuchen sollte, den Team-Begriff zu definieren – *„Why define ‚team'?"*.

Sie kommen zu dem Schluß, dass der Begriff „Team" ganz verschiedene Bedeutungen für verschiedene Personen haben kann, abhängig von deren Erfahrungen und Kontextbezug, und es deshalb eigentlich nicht „die" Teamdefinition geben kann.

Um in ihrem Buch jedoch sinnvoll mit dem Teambegriff arbeiten zu können, sehen sie es doch als wichtig an, zu definieren, was sie unter einem Team verstehen.

„A team is a small number of people with complementary skills who are committed to a common purpose, performance goals, and approach for which they hold themselves mutually accountable." [7]

Auch in dieser Definition spielt die Aufgabenorientierung ein große Rolle, was jedoch wieder völlig fehlt, ist die soziale Komponente.

---

[6] vergl. Katzenbach/Smith, „The wisdom of Teams. Creating the High-Performance Organization", 1999, S. 43.

[7] Katzenbach/Smith, „The wisdom of Teams. Creating the High-Performance Organization", 1999, S. 45.

Eine weitere Team-Definition stammt von Forster[8], der gut zwanzig unterschiedliche Definitionen des Begriffs „Team" bzw. „Teamarbeit" analysierte und resümierend folgende Begriffsexplikation vorschlägt:

„Unter einem Team soll (hier) eine kleine, funktionsgegliederte Arbeitsgruppe mit gemeinsamer Zielsetzung, relativ intensiven wechselseitigen Beziehungen, einem ausgeprägten Gemeinschaftsgeist sowie einem relativ starken Gruppenzusammenhalt unter den Mitgliedern und damit einer spezifischen Arbeitsform verstanden werden." [9]

Aufgrund ihrer umfassenden Formulierung, die viele andere Definitionen verbindet, wird diese Definition des Themas „Team" die Basis für weitere Überlegungen sein – wenn in Folge also von einem Team gesprochen wird, dann ist darunter ein Team laut Forsters Definition zu verstehen.

Im Folgenden wird daher intensiver auf die einzelnen Punkte dieser Definition eingegangen – was bedeuten sie jeweils, und wie wichtig sind sie tatsächlich für die Bildung bzw. den Erfolg eines Teams.

---

[8] Forster, J., "Teams und Teamarbeit in der Unternehmung", 1978.

[9] Forster, J., "Teams und Teamarbeit in der Unternehmung", 1978, S. 17.

Dazu hier noch einmal **die einzelnen Punkte, die** laut Forsters Definition **ein Team ausmachen**:

- kleine, funktionsgegliederte Arbeitsgruppe
- gemeinsame Zielsetzung, Normen und Werte,
- relativ intensive, wechselseitige Beziehungen
- ausgeprägter Gemeinschaftsgeist
- relativ starker Gruppenzusammenhalt
- spezifische Arbeitsform.

2.2 Einzelne Bestandteile der Team-Definition

2.2.1 Kleine, funktionsgegliederte Arbeitsgruppe

Was ist eine Gruppe? Wie schon Eingangs erwähnt, wird die Abgrenzung zwischen Gruppe und Team oft ungenau bzw. gar nicht getroffen.

„Jedes Team ist auch eine Gruppe, aber nicht jede Gruppe ist ein Team!" [10]

Diese Aussage von Monika Frech spiegelt eine grundlegende Unterscheidung zwischen den beiden Begriffen Team und Gruppe wieder. Der Gruppenbegriff ist für sie der weiter greifende Begriff, der auch den Teambegriff umschließt. Ein Team sind daher für sie Gruppen, auf die *„... die Teammerkmale auch tatsächlich zutreffen."*

Diese Abgrenzung soll auch für diese Arbeit gelten – doch ist damit noch nicht die Frage danach geklärt, was eine Gruppe eigentlich „ist".

Schein[11] versucht, sich dem Thema Gruppe von der rein psychologischen Seite zu nähern, da es aus seiner Sicht schon immer schwierig war, Gruppen unabhängig von ihrem spezifischen Zweck oder einem allgemeinen Bezugsrahmen zu definieren.

„Eine psychologische Gruppe ist irgendeine Anzahl von Menschen, die untereinander in Interaktion stehen, sich gegenseitig psychologisch wahrnehmen und sich selbst als Gruppe erkennen."

---

[10] Frech, M., „Die Bedeutung von Gruppenarbeit", in Kasper/Mayrhofer (Hrsg.), „Personalmanagement, Führung, Organisation", 1996, S. 296.

[11] Schein, E. H., „Organisationspsychologie", 1980, S. 108.

Für ihn sind deshalb Angehörige einer kompletten Abteilung, einer Vereinigung, einer Gewerkschaft oder einer ganzen Organisation keine Gruppe, „ ... *obwohl sie von sich in der ‚wir'-Form sprechen, weil sie in der Regel nicht alle interagieren und sich nicht gegenseitig wahrnehmen können.*" [12]

Betrachtet man andere Definitionen, so lassen sich doch geringfügige Unterschiede feststellen.

Homans etwa definiert Gruppen folgendermaßen:

„We mean by a group a number of persons who communicate with one another often over a span of time, and who are few enough so that each person is able to communicate with all the others, not at secondhand, through other people, but face-to-face. Sociologists call this the primary group." [13]

---

[12] Schein, E. H., „Organisationspsychologie", 1980, S. 108.

[13] Homans, G.C., „The Human Group", 1992, S. 1.

Wichtig erscheinen in dieser Definition zwei Punkte: Die Regelmäßigkeit und Häufigkeit der Kommunikation zwischen einer bestimmten Anzahl von Menschen und die Art, in der diese Kommunikation erfolgt – nämlich von Angesicht zu Angesicht und nicht über Dritte.

Verwendet man diese Definition, dann wäre die Abgrenzung von Schein nicht ganz zutreffend – denn dann wären die Angehörigen einer Abteilung, einer Vereinigung oder einer Organisation doch Gruppen, denn sie treten in den meisten Fällen sehr wohl über einen bestimmten Zeitraum hinweg häufig miteinander in Verbindung, und zwar im Regelfall von Angesicht zu Angesicht.

Ein weiterer Punkt in der Definition von Schein, der hier näher beleuchtet werden soll, ist die **Anzahl von Personen**, die eine Gruppe bilden.

Laut Schein ist das „... *irgendeine Anzahl von Menschen ...*", doch andere Autoren treffen hier sehr wohl eine Abgrenzung.

„*Ob die kleinste Form der Gruppe, die Dyade oder das Paar, schon als Gruppe bezeichnet werden kann, ist strittig, denn schon der Austritt eines ‚Gruppen' mitglieds führt zu ihrem Zerfall. In aller Regel werden für Kleingruppen in der Literatur 3 bis 5 Mitglieder angegeben, bei einer kritischen Größe von 20 bis 25.*" [14]

---

[14] Staehle, W.H., „Management", 1999, S. 267 ff.

Diese Größenabgrenzung ist kritisch zu betrachten, denn bei einer Gruppengröße von 20 bis 25 Mitgliedern kann es durchaus schon wieder zur Bildung von Untergruppen kommen.

Die ideale Gruppengröße scheint „... *von situativen Merkmalen, wie Aufgabenstellung, zur Verfügung stehende Zeit, Arbeitsbedingungen, soziale Qualifikation der Mitglieder, abhängig ...*" [15] zu sein.

Burghardt[16] geht auch nicht näher auf die genaue Größe ein, doch auch für ihn ist die Anzahl der Gruppenmitglieder auf jeden Fall begrenzt.

Er versteht unter einer Gruppe eine „... *begrenzte Anzahl von Personen, die als Folge gemeinsamer Interessen und eines damit verbundenen ausgeprägten Wir-Gefühls hinsichtlich bestimmter Gegenstände und Probleme längere Zeit annähernd gleiche Ziele durch gemeinsame Interaktion verfolgen. Zum Zweck eines koordinierten Gruppenhandelns werden den einzelnen Mitgliedern spezifische Rollen zugewiesen, die miteinander verknüpft sind.*"

Ein Punkt, den Burghardt in seiner Definition aufwirft, sind die **spezifischen Rollen**, die die einzelnen Mitglieder einer Gruppe einnehmen bzw. die ihnen zugewiesen werden.

Eine Rolle ist laut Rosenstiel[17] das „... *Verhalten eines Gruppenmitglieds, das durch Interpretation von Erwartungen der übrigen Gruppenmitglieder bestimmt ist*".

---

[15] Staehle, W.H., „Management", 1999, S. 268.

[16] Burghardt, A., „Einführung in die allgemeine Soziologie", 1972, S. 217.

[17] v. Rosentstiel, L., „Organisationspsychologie", 1983, S. 210.

Auch er sieht in der Rollendifferenzierung im Zuge des Gruppenbildungsprozesses ein wesentliches Merkmal von Gruppen.

„Welche Rolle einem Mitglied zugewiesen wird, ist keineswegs allein abhängig von dessen individuellen Merkmalen und Fähigkeiten, sondern wird entscheidend durch die Gruppenstruktur und den Gruppenprozess geprägt." [18]

Die Rollen differenzieren sich also im Zuge des **Gruppenbildungsprozesses** heraus. Dies ist Grund genug, einen genaueren Blick darauf zu werfen, wie ein derartiger Prozess ablaufen kann.

Ein sehr beliebter Erklärungsansatz ist das Modell nach Tuckman[19], wonach der Gruppenbildungsprozess in den vier Phasen **Forming, Storming, Norming** und **Performing** abläuft.

Zunächst sind die Gruppenmitglieder unsicher und versuchen, sich näher kennenzulernen und sich zu orientieren. Dann versucht jeder, seinen Status und seine Machtansprüche geltend zu machen und einen Platz innerhalb der „Hackordnung" der Gruppe zu finden. Danach entwickeln sich innerhalb der Gruppe bestimmte Spielregeln, durch deren Einhaltung die Zusammenarbeit der Gruppe geordnet und erleichtert wird.

Erst dann kann die volle Energie der Gruppenmitglieder zur Abwicklung der eigentlichen Gruppenaufgabe aufgewendet werden.

---

[18] v. Rosenstiel, L., „Organisationspsychologie", 1983, S. 42.

[19] Tuckman, B.W., „Development sequence in small groups", in: PB 1965, S. 384-369. zitiert nach: Staehle, W.H., „Management", 1999, S. 280.

Folgende Tabelle zeigt übersichtlich die einzelnen Phasen und ihre jeweiligen Merkmale hinsichtlich Gruppenstruktur und Aufgabenverteilung:

1. Forming (Formierungsphase)	
Gruppenstruktur:	**Aufgabenverhalten:**
• Unsicherheit und Angst • Abhängigkeit von einem Führer (man sucht Schutz bei einem hervortretendem Gruppenmitglied) • Ausprobieren, welches Verhalten in der Situation akzeptabel ist • Gegenseitiges Abtasten	• Mitglieder definieren die Aufgaben, die Regeln, die geeigneten Methoden
2. Storming (Konfliktphase)	
Gruppenstruktur:	**Aufgabenverhalten:**
• Konflikte zwischen Untergruppen • Aufstand gegen den Führer • Polarisierung der Meinungen • Ablehnung einer Kontrolle durch die Gruppe	• Emotionale Ablehnung der Aufgabenanforderungen
3. Norming (Normierungsphase)	
Gruppenstruktur:	**Aufgabenverhalten:**
• Entwicklung von Gruppenkohäsionen, Gruppennormen und gegenseitiger Unterstützung • Widerstand und Konflikte werden abgebaut oder bereinigt	• Offener Austausch von Meinungen und Gefühlen • Kooperation entsteht
4. Performing (Arbeitsphase)	
Gruppenstruktur:	**Aufgabenverhalten:**
• Interpersonelle Probleme sind gelöst • Gruppenstruktur ist funktional zur Aufgabenerfüllung • Rollenverhalten ist flexibel und funktional	• Problemlösungen tauchen auf • Konstruktive Aufgabenverteilung • Energie wird ganz der Aufgabe gewidmet (Hauptarbeitsphase)

Abbildung 2: Phasen der Gruppenentwicklung
Quelle: nach Tuckman, 1965, S. 396

Dabei ist nicht gesagt, dass die Phasen in genau dieser Reihenfolge durchlaufen werden müssen. Auch können sie unterschiedlich lange dauern.

"Wiederholungen früherer Stadien sind nicht als ‚Rückfälle' aufzufassen; die Entwicklung läuft nicht auf einen bestimmten Zustand zu, sondern ist ein Prozess." [20]

Kritische Punkte sind die ersten beiden Phasen. *„Die Realität zeigt, dass einige Gruppen niemals die Phasen 1 und 2 überwinden und sich folglich wieder auflösen oder höchst ineffizient arbeiten."* [21]

Bass[22] unterscheidet ebenfalls **vier Phasen der Gruppenentwicklung**, und zwar **Mutual Acceptance, Decision Making, Motivation** und **Control**. Im einzelnen sehen die vier Phasen folgendermaßen aus:

1. **Mutual Acceptance:** Nach einer ersten Phase des Misstrauens suchen die Mitglieder nach gemeinsamen Aufgaben und fangen an, sich gegenseitig zu akzeptieren.

2. **Decision Making:** In einer Atmosphäre der Offenheit werden die Probleme und Rollen definiert, Entscheidungen über die Vorgehensweise getroffen.

---

[20] Titscher, S., „Gruppenforschung", in Gaugler./Weber (Hrsg.), „Handwörterbuch des Personalwesens", 1992, S. 1018.

[21] Staehle, W.H., „Management", 1999, S. 281.

[22] Bass, B.M., „Organizational psychologie", 1965, S. 197 f. zitiert nach: Staehle, W.H., „Management", 1999, S. 281f.

3. Motivation: Die Gruppe kommt in die Reifephase, Kohäsion und Kooperation steigen, man hilft sich gegenseitig.

4. Control: Die Gruppe arbeitet sehr effizient, die Einhaltung von Gruppennormen wird überwacht, abweichendes Verhalten wird negativ sanktioniert.

Eine Kritik an der Theorie von Bass ist, dass er den Entwicklungsprozess sehr optimistisch sieht, er beschreibt damit eher ein Ideal als die Realität.

Welche verschiedenen Rollen können nun aber den einzelnen Mitgliedern innerhalb einer Gruppe zugewiesen werden?

Rosenstiel[23] führt zwar einige mögliche Rollen an (z.B. „Tüchtigkeitsführer", „Beliebtheitsführer", „Mitläufer", „Sündenbock"), allerdings gibt es seiner Meinung nach keine „allgemeine" Einteilung.

Um eine Annäherung an den Rollenbegriff zu erreichen, scheint an dieser Stelle eine Unterscheidung der Begriffe Stelle / Position / Status / Rolle hilfreich zu sein. Staehle bietet folgende Abgrenzung an:

„Horizontale und vertikale Differenzierung sozialer Systeme ergeben **Stellen**, *die unabhängig von dem (potentiellen) Stelleninhaber geschaffen werden. Ist der Stelle innerhalb einer Organisation ein bestimmter Platz zugewiesen, spricht man von* **Position**. *Jede Position ist mit einem bestimmten* **Status** *versehen, der angibt, welche Wertschätzung die*

---

[23] v. Rosenstiel, L., „Organisationspsychologie", 1983, S 42.

Mitglieder eines sozialen Systems den bestehenden Positionen zuwei-sen. "[24]

„Während der Status das mehr oder weniger stabile, überdauernde An-sehen einer Position beschreibt, dient das Konzept der **Rolle** *dazu, das Verhalten des Positionsinhabers konkret vorzuschreiben. ... Rollen stel-len das Insgesamt der Verhaltenserwartungen dar, welche die Organisa-tion (Management) und ihre Mitglieder gegenüber dem Inhaber einer be-stimmten Position in der Organisation hegen und die von diesem erlebt werden."* [25]

In den meisten Fällen ist eine Position jedoch nicht nur mit einer Rolle verbunden, sondern mit mehreren. Diese bilden das sogenannte „**Rol-len-Set**", welches die Vielzahl der Orientierungen gegenüber denjenigen Organisationsmitgliedern und –teilnehmern beschreibt, auf deren Zu-sammenarbeit der Positionsinhaber angewiesen ist.[26]

Neben diesem Rollen-Set, das die Rollen beschreibt, die mit der Position innerhalb der Organisation verbunden sind, kann jedes Organisations-mitglied innerhalb und außerhalb der Organisation noch eine Vielzahl anderer Rollen einnehmen, die nicht unbedingt mit seiner Position in Zu-sammenhang stehen müssen.

In diesen Bereich fallen viele Rollen, die ein Individuum im Privatbereich „spielt" bzw. einnimmt, aber auch z.B. die Rollen in Gruppen bzw. Teams können hierunter fallen.

---

[24] Staehle, W.H., „Management", 1999, S. 271.

[25] Staehle, W.H., „Management", 1999, S. 272.

[26] vergl. Staehle, W.H., „Management", 1999, S. 273.

Die nachfolgende Abbildung soll einen Eindruck von der Vielfalt der Verhaltensbereiche und Rollen ein und desselben Individuums geben:

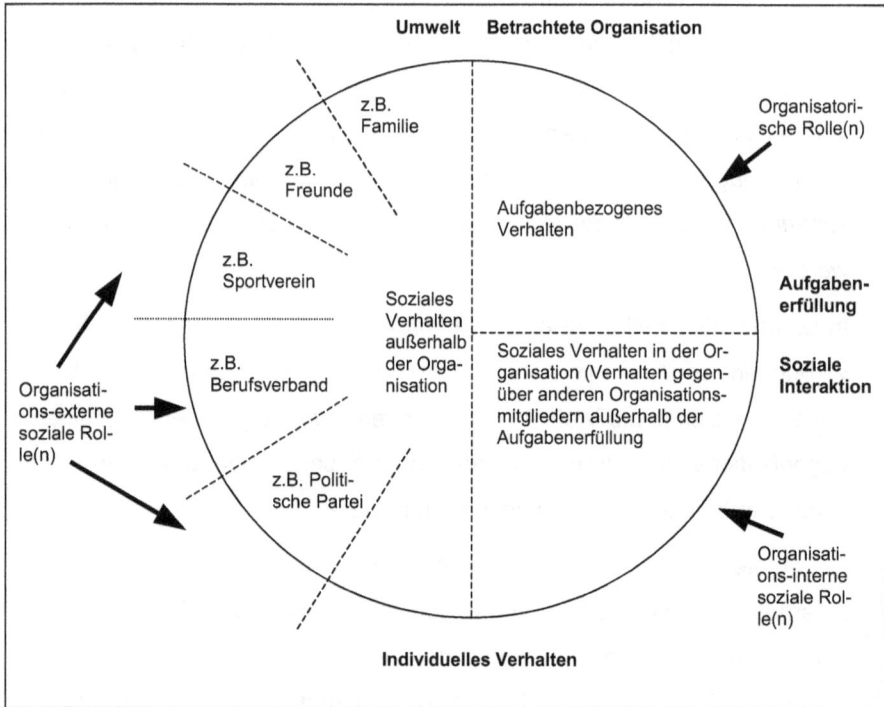

Abbildung 3: Verhaltensbereiche und Rollen eines Individuums
Quelle: Kieser/Kubicek, 1983, S. 398; zitiert in Staehle, 1999, S. 274.

Eine Rolle ist also „... *das Insgesamt der Verhaltenserwartungen [...],* *welche die Organisation [...] und ihre Mitglieder gegenüber dem Inhaber* *einer bestimmten Position in der Organisation hegen und die von diesem* *erlebt werden.*"[27]

Hier besteht – auch im Hinblick auf Gruppen – ein Zusammenhang zwischen den Begriffen Position, Rolle und Funktion.

Welche Position ein Mitglied innerhalb der Gruppe inne hat kann (muß jedoch nicht) bei dieser Form der Zusammenarbeit wechseln, abhängig von der Entwicklung im Zuge der Gruppenbildung, aber auch abhängig von der Aufgabe. Damit können aber die einzelnen Teammitglieder abwechselnd andere Rollen einnehmen. Mit den jeweiligen Positionen ist eine Reihe von Funktionen verbunden, die durch den Positionsinhaber erfüllt werden müssen. Übernimmt man also eine bestimmte Position so wird erwartet, dass man auch die dazugehörigen Funktionen erfüllt – wie auch immer diese geartet sein mögen. Und durch diese Erwartungshaltungen hinsichtlich der Position und dem Erfüllen der damit zusammenhängenden Funktionen werden die Rollen in der Gruppe „definiert".

Um nun die mit den verschiedenen Positionen innerhalb einer Gruppe bzw. eines Teams zusammenhängenden Aufgaben und Funktionen erfüllen zu können (und so die entsprechenden Rollen übernehmen zu können) müssen auch eine Vielfalt verschiedener Arbeitsstile und –präferenzen sowie Denk- und Verhaltensstile vertreten sein.

---

[27] Staehle, W.H., „Management", 1999, S. 272.

Deshalb ist es laut Christoph v. Haug[28] „ ... *ratsam, Teambildung systematisch zu betreiben unter Zuhilfenahme geeigneter Instrumente.*"

Als Beispiel für so ein Instrument nennt er in weiterer Folge das **„Team-Management-Wheel"** der beiden englischen Wissenschaftler Margerison und McCann.

Dieses Instrument gründet sich im wesentlichen auf den Theorien des Schweizer Psychologen C. G. Jung. Demnach unterscheiden sich Menschen grundsätzlich in ihrem Verhalten in folgenden vier Bereichen:

- Introvertiertes oder extrovertiertes Verhalten in zwischenmenschlichen Beziehungen,

- Praktisches oder kreatives Vorgehen bei der Informationsbeschaffung und –verarbeitung,

- Analytische oder intuitive Entscheidungsfindung und

- Strukturierte oder flexible Selbst- und Arbeitsorganisation.[29]

Die Forschungsergebnisse C.G. Jungs zeigen, dass es sich bei diesen Neigungen größtenteils um angeborene Persönlichkeitsmerkmale handelt, die sich mit ebenso unterschiedlichen Talenten und Ausbildungswegen zu ganz bestimmten Arbeitsstilen und Arbeitspräferenzen verbinden.

---

[28] v. Haug, C., "Erfolgreich im Team", 1994, S. 58.

[29] vergl. Weber, D., „Patentrezept für starke Gruppen", in: Management Wissen 3, 1990, S. 53. zitiert in: v. Haug, C., „Erfolgreich im Team", 1994, S. 58.

Im Team-Design-Modell von Margerison und McCann finden sich die von C.G. Jung herausgearbeiteten Typen in Form von acht verschiedenen Arbeitsfunktionen bzw. Rollen, deren geeignete Besetzung für den Teamerfolg maßgeblich ist.[30]

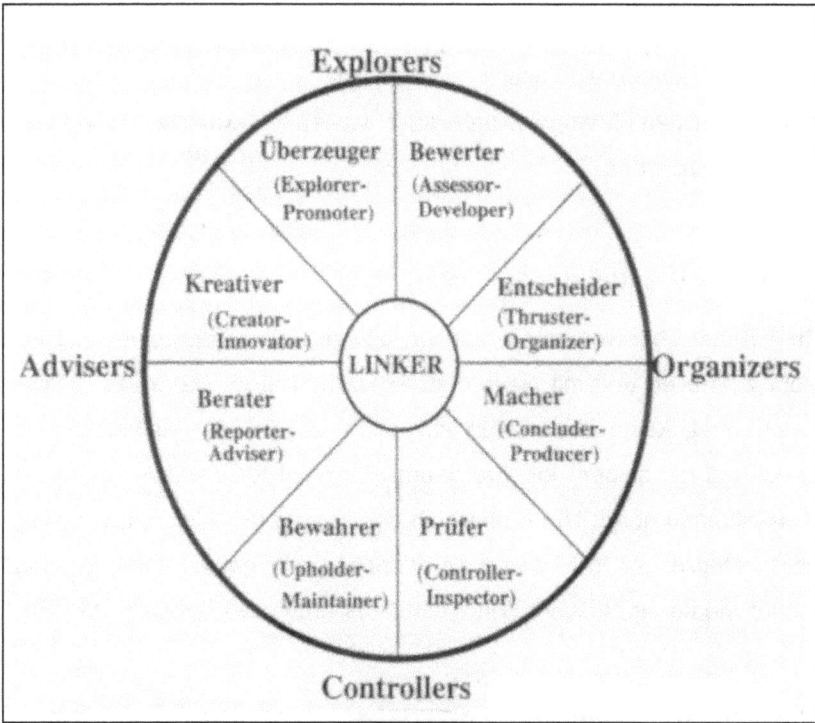

Abbildung 4: Der Teammanagement-Kreis
Quelle: aus Christoph v. Haug, 1994, S. 59

---

[30] vergl. Margerison, C., „Team Management", 199, S. 35-40. zitiert in: v. Haug, C., „Erfolgreich im Team", 1994, S. 58/59.

1. Der Berater (Reporter-Adviser)

Er sorgt dafür, dass möglichst viele Informationen zu einem Problem gesammelt und verständlich aufbereitet werden. Mit Ratschlägen und dem Treffen von Entscheidungen ist er eher vorsichtig. Er verwendet lieber sehr viel Zeit darauf, auch Details zu klären und alle nötigen Informationen zu beschaffen, um Fehlentschlüssen so wirksam wie möglich vorzubeugen. Er steuert viel Inhaltliches zum Thema bei, ist aber kein Organisator. Was den Teamgeist anbelangt, leistet er wertvolle Aufbau- und später Förderarbeit.

2. Der Kreative (Creator-Innovator)

Er sprudelt über vor Ideen, und er liebt es, Althergebrachtes auf den Kopf zu stellen und mit Neuem zu experimentieren. Da er sich schwer unterordnet, keine Hierarchien akzeptiert, am liebsten selbständig arbeitet und mit seinem Ideenreichtum oft genug für Veränderungen und Umstellungen sorgt, ist er innerhalb des Teams nicht leicht mit den anderen Mitgliedern in Einklang zu bringen. Dafür gewährleistet er, dass immer wieder ein „frischer Wind" durch die Arbeit des Teams weht.

3. Der Überzeuger (Explorer-Promoter)

Ihm gelingt es mühelos, den Überblick zu bewahren und zu rechter Zeit die notwendigen Kontakte zu knüpfen, die nötigen Informationen aufzutreiben und schließlich die erforderlichen Hilfsmittel zu beschaffen. Er sieht vor allem die große Linie und interessiert sich weniger für das Detail.

Er ist neuen Ideen gegenüber grundsätzlich aufgeschlossen und versteht es darüber hinaus ausgezeichnet, andere für Innovationen zu begeistern, was ihm seine Kontaktfreudigkeit zusätzlich erleichtert. Er kann sowohl Ideen von außen einbringen als auch nach außen repräsentieren.

4. Der Bewerter (Assessor-Developer)

Er prüft sorgfältig, ob und inwieweit neue Ideen mit realistischen Mitteln in die Praxis umgesetzt werden können, und schätzt außerdem Arbeitsergebnisse realistisch ein. Bei der Herstellung eines Prototyps ist er „Feuer und Flamme", doch mit der Organisation der Serienproduktion hat er wenig „am Hut". Die Marktprüfung eines Prototyps interessiert ihn, die routinemäßige Produktion und der Massenverkauf nicht. Aus analytischer und objektiver Perspektive schätzt er Praktikabilität und Marktgängigkeit einer Neuigkeit ein und kümmert sich, wenn das Projekt die Prüfung bestanden hat, mit viel Engagement darum, die neue Idee zu entwickeln und zu verwirklichen.

5. Der Entscheider (Thruster-Organizer)

Ist es erst einmal geschafft, ihn für eine neue Idee zu begeistern, sorgt er mit Elan durch die Erstellung von konkreten Plänen, die Organisation von Personal und Systemen und die Festsetzung von Terminen und Zielen dafür, dass die Idee Wirklichkeit werden kann. Krisen können ihn nicht einschüchtern, im Gegenteil, der Gedanke, diese überwinden zu müssen, spornt ihn an. Er schätzt Hierarchien und klare Strukturen.

Seine Haltung gegenüber anderen Mitmenschen ist eher unpersönlich, da sie stark von seinem Urteil über deren Leistungsfähigkeit beeinflußt ist.

6. Der Macher (Concluder-Producer)

Ohne ihn bliebe in einem Team alle Routinearbeiten liegen, denn seine Stärke liegt im Durchhaltevermögen und seiner Zuverlässigkeit, wenn es darum geht, dass Arbeiten regelmäßig und nach festen Vorgaben ausgeführt werden müssen. Sein gesunder Realismus gegenüber der eigenen Fähigkeit und der Erreichung des gesetzten Teamziels sorgt dafür, dass er andere Teammitglieder zur Einhaltung von Plan- und Budgetvorgaben zu mahnen versteht.

7. Der Prüfer (Controller-Inspector)

Da seine „Spezialität" in der Ausarbeitung von Details und dem Aufspüren von Fehlern liegt, ist er der geborene Mann für die Qualitätssicherung und Budgetplanung. Es bereitet ihm keinerlei Schwierigkeiten, seine Konzentration lange und gründlich einer bestimmten Aufgabe zu widmen. Seine eher geringe Kontaktfreudigkeit läßt ihn zum wichtigen Mann im Hintergrund werden, der es versteht, ganz im Stillen für Ordnung zu sorgen.

8. Der Bewahrer (Upholder-Maintainer)

Als Führer ist er wenig geeignet, als Helfer dafür um so besser. Er leistet schwachen Teammitgliedern gerne und ohne auf eigene Vorteile bedacht zu sein Unterstützung. Außerdem versteht er es, die Gefühlsbeziehungen im Team zu stabilisieren und diesem so ein entsprechend kräftiges „Rückgrat" zu verleihen. Wer „sein" Team kritisiert, muss mit heftiger Gegenwehr von seiner Seite rechnen. Er ist ferner auf die Aufrechterhaltung von Teamnormen bedacht und steht Veränderungen jeglicher Art von der Grundtendenz her eher reserviert gegenüber.

Neben den genannten acht Rollen im Team gibt es noch eine weitere Funktion, die von einer oder mehreren Personen auch zusätzlich zu ihrer Hauptrolle wahrgenommen werden kann – die des sogenannten „**Linker**". Fehlen darf eine Person in dieser Position jedoch keinesfalls. Der Linker wirkt als **Koordinator** für die Informationen, Projektabläufe und auch Beziehungen der Mitarbeiter untereinander und daneben noch als Repräsentant des Teams in der Öffentlichkeit. Diese Rolle ist in stärkerem Maße erlernbar als irgendeine andere der acht Hauptrollen und ist im allgemeinen nicht so ausfüllend, so dass sie von einem oder mehreren auch nur als Nebentätigkeit ausgeübt werden kann.

Dieses Modell sagt allerdings nicht aus, dass ein Team unbedingt aus acht Personen bestehen muss – auch kleinere Teams können leistungsfähig zusammenarbeiten, denn eine Person kann auch mehrere Rollen einnehmen. Wichtig ist ein ausgewogenes Verhältnis.

Weitere wichtige Definitionsbestandteile einer Gruppe sind laut Rosenstiel[31] folgende:

Eine Gruppe ist eine Mehrzahl von Personen in

- direkter Interaktion über eine
- längere Zeitspanne bei
- Rollendifferenzierung und
- gemeinsamen Normen, verbunden durch ein
- Wir-Gefühl.

Hier sieht man wieder Parallelen zu der Team-Definition – aber jedes Team ist ja schließlich, wie bereits zuvor in dieser Arbeit festgehalten wurde, eine Gruppe.

Noch ein Stück weiter greift die Gruppendefinition von Staehle[32], der zusammenfassend folgende Merkmale einer Gruppe sieht:

- Direkte Interaktion zwischen Mitgliedern (face to face)
- Physische Nähe
- Mitglieder nehmen sich als Gruppe wahr (wir-Gefühl, Wahrnehmung einer Gestalt)
- Gemeinsame Ziele, Werte und Normen

---

[31] v. Rosenstiel, L., „Grundlagen der Organisationspsychologie", 2000, S. 252.
[32] Staehle, W.H., „Management", 1999, S 267.

- Rollendifferenzierung, Statusverteilung

- Eigenes Handeln und Verhalten wird durch andere beeinflusst

- Relativ langfristiges Überdauern des Zusammenseins

Ein Punkt dieser Definition, der später in dieser Arbeit noch eine wichtige Rolle spielen wird und auf den deshalb an dieser Stelle hingewiesen sei, ist die physische Nähe. Vor allem in Bezug auf die Virtualität wird dieser Punkt Gegenstand genauerer Betrachtung sein.

2.2.2 Gemeinsame Zielsetzung, Werte und Normen

2.2.2.1 Gemeinsame Zielsetzung

Wie bereits erwähnt, wird im betrieblichen Alltag ein Team *„... immer dann gebildet, wenn ein komplexes Vorhaben eine (interdisziplinäre) Zusammenarbeit erfordert ...".*[33]

Um dieses Vorhaben auch durchführen zu können, *„... braucht [ein Team] ein klar und eindeutig definiertes Ziel, damit es jederzeit die Möglichkeit hat, das Ziel mit der Arbeit und Leistung des gesamten Teams und jedes einzelnen Mitglieds zu vergleichen."*[34]

[33] v. Haug, C., „Erfolgreich im Team", 1994, S. 14.

[34] Drucker, P.F., „Neue Management-Praxis, Zweiter Band: Methoden", 1974, S. 260.

Es gibt also ein bestimmtes Ziel, das die Gruppe erreichen soll – in der Praxis gibt es allerdings oft das Problem, dass eben dieses gemeinsame Ziel, das durch das Team erreicht werden soll, zu ungenau bzw. unscharf ist. Doch gerade ein **klar formuliertes und überprüfbares Ziel** ist für den Erfolg eines Teams von großer Bedeutung. Damit der Arbeitsauftrag von allen Mitgliedern des Teams als gemeinsame Herausforderung verstanden wird, die die Motivation des einzelnen und den Zusammenhalt der Gruppe stärkt, müssen Teamziele mehrere Bedingungen erfüllen.[35]

Teamziele müssen ...

- **eindeutig formuliert sein**, damit über ihre Deutung keine Mißverständnisse entstehen können,

- **meßbar definiert sein**, so dass ihre Aktualität und der Erfolg des Teams von den Mitgliedern laufend überprüft werden kann,

- **schriftlich festgelegt werden**, um sie allen Mitgliedern jederzeit klar in Erinnerung rufen zu können,

- **die Ableitung von Unterzielen erlauben**, weil diese verhindern, dass auf dem langen Weg zur endgültigen Zielerreichung den Mitgliedern aufgrund mangelnder Erfolgserlebnisse „die Puste ausgeht",

- **jedem Team-Mitglied** so **akzeptabel und erstrebenswert erscheinen**, dass sie sein volles Engagement zur Zielerfüllung rechtfertigen,

---

[35] vergl. v. Haug, C., „Erfolgreich im Team", 1994, S. 25.

- **sich** entweder **mit den individuellen Zielen der Mitglieder decken** oder so faszinierend sein, dass persönliche Ziele zugunsten der gemeinsamen Herausforderung zurückgestellt werden,

- **von jedem einzelnen einen Einsatz abverlangen,** der einerseits eine klare Herausforderung darstellt, aber andererseits nicht permanent an die Grenzen der Leistungsfähigkeit geht und

- **den Mitgliedern so vermittelt werden, dass sich alle Beteiligten ausnahmslos für ihre Erreichung voll verantwortlich fühlen.**[36]

Geht es um eine Unterscheidung zwischen Teams und Gruppen, so können eben diese Ziele als Maßstab herangezogen werden. Deshalb scheint an diesem Punkt der Arbeit eine derartige Abgrenzung sinnvoll.

Zuerst muss zwischen Gruppe und Arbeitsgruppe unterschieden werden.

„Die Gruppe setzt sich ihre Ziele selbst, wogegen die Arbeitsgruppe ihre Aufgaben in der Regel von außen gestellt bekommt, es sei denn, die Arbeitsgruppe weist einen so hohen Autonomiegrad auf, dass sie entscheiden kann, welche Aufgaben sie übernimmt oder nicht."[37]

---

[36] v. Haug, C., „Erfolgreich im Team", 1994, S. 25.

[37] Prechtl, D., „Team-Potential-Analyse – Erfolgsfaktoren der Teamarbeit in lernenden Organisationen der Wirtschaft", 1999, S. 31.

Was ist nun aber der Unterschied zwischen einer Arbeitsgruppe und einem Team?

„Die Autoren, die von erfolgreicher Teamarbeit in Unternehmen berichten , stellen heraus, dass die Leistungsfähigkeit eines Teams über der eines Arbeitsgruppe steht. Eine Arbeitsgruppe kann dann zu einem leistungsstarken Team werden, wenn sie bestimmte zusätzliche teamspezifische Kriterien erfüllt." [38]

„... simply having an arrangement whereby people work together isn't the same as having an organization which has converted to teamwork".[39]

Ein Team hat also gemeinsame Teamziele, die es sich selbst gesetzt hat, verbunden mit einer hohen Leistungsorientierung des Unternehmens.

Die Frage hier ist, wie frei Teams tatsächlich bei ihrer Zielformulierung vorgehen können, da auch sie schließlich Aufgaben von oben gestellt bekommen. Damit sind sie in ihrer Zielbestimmung ja auch nicht frei von Unternehmensvorgaben.

Neben der Zieldefinition durch die Gruppe ist auch die Definition eines gemeinsamen Arbeitsansatzes wichtig, der von allen Teammitgliedern akzeptiert werden muss.

---

[38] Prechtl, D., „Team-Potential-Analyse – Erfolgsfaktoren der Teamarbeit in lernenden Organisationen der Wirtschaft", 1999, S. 31.

[39] Hayes, N., „Successful Team Management", 1997, S. 2. zitiert in: Prechtl, D., „Team-Potential-Analyse – Erfolgsfaktoren der Teamarbeit in lernenden Organisationen der Wirtschaft", 1999, S. 31.

„Das gesamte Team ist immer für die Aufgabe verantwortlich. Der einzelne trägt einerseits mit seinen besonderen Fähigkeiten und seinem Wissen bei und ist andererseits für den Output und die Gesamtleistung verantwortlich. Denn das Team ist eine Einheit. Teammitglieder müssen sich nicht unbedingt gut untereinander kennen, um Leistungen zu erbringen. Doch müssen sie auf jeden Fall die Funktionen und potentiellen Beiträge aller kennen. Wichtig ist also das gegenseitige Verstehen der einzelnen Aufgaben und das gemeinsame Verständnis für die gemeinsame Aufgabe." [40]

Führen wir uns noch einmal die dieser Arbeit zu Grunde gelegte Teamdefinition von Forster vor Augen, so scheint die Abgrenzung Druckers damit nicht ganz übereinzustimmen. Für Drucker scheint die soziale Komponente weit weniger wichtig zu sein, als sie dies bei Forster ist – bei ihm müssen sich die Teammitglieder nicht unbedingt gut untereinander kennen.

Diesem Punkt sei hier (im Sinne der einheitlichen Teamdefinition) vorläufig noch widersprochen – die nächsten Kapitel sollen helfen zu zeigen, wie wichtig diese „soziale Komponente", zu der es anscheinend kontroverse Meinungen gibt, tatsächlich für Teams ist.

---

[40] Drucker, P.F., „Neue Management-Praxis, Zweiter Band: Methoden", 1974, S. 260/261.

2.2.2.2 Normen und Werte

„Normen sind Spielregeln, (un)ausgesprochene Verhaltensvorschriften, die festlegen, wie die Mitglieder einer Gruppe (Organisation, Gesellschaft) in bestimmten Situationen zu denken und vor allem zu handeln haben. Sie sind die Spielregeln von sozialen Systemen." [41]

Normen strukturieren, sie sind Richtlinien für Vereinheitlichung des Verhaltens. Sie bilden die Grenze eines Systems nach außen, lassen erkennen, wer zu einem sozialen System dazugehört und wer nicht, und sie sind die Grundlage für Sanktionen.

Laut Rosenstiel sorgen Normen innerhalb einer Gruppe dafür, dass die Unterschiede der Gruppenmitglieder in einigen Bereichen innerhalb der Gruppe geringer werden.

„Gemeinsame Normen im Erleben und Handeln der Gruppenmitglieder zeigen sich darin, dass die Unterschiede im Denken, Fühlen und Verhalten, welche die einzelnen Mitglieder der Gruppe vor dem Eintritt in die Gruppe gezeigt hatten bzw. außerhalb der Gruppe gezeigt hatten bzw. außerhalb der Gruppe zeigen, sehr viel größer sind als innerhalb der Gruppe." [42]

Nachfolgende Darstellung auf der nächsten Seite soll dies beweisen.

---

[41] Frech, M., „Arbeit in und mit Gruppen", in Kasper/Mayrhofer, „Personal, Führung, Organisation", 1996, S. 329.

[42] v. Rosenstiel, L., „Organisationspsychologie", 1983, S. 42.

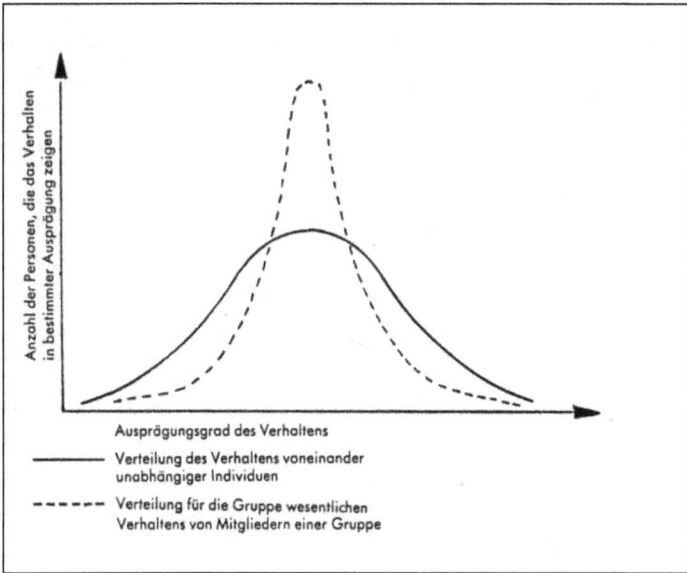

Abbildung 5: Verteilung des Verhaltens unabhängiger und durch Gruppennorm bestimmter Individuen

Die wechselseitige Anpassung der Gruppenmitglieder ist vor allem bei jenen Erlebens- und Verhaltensweisen nachweisbar, die innerhalb der Gruppe für wichtig gehalten werden.

Normabweichendes Verhalten wird negativ und normkonformes Verhalten positiv sanktioniert, wobei die Intensität der negativen Sanktionen, bis hin zum Ausschluß aus der Gruppe, mit der Stärke der Abweichung vom erwarteten Verhalten zunimmt.

Jackson[43] hat in seinem „**return potential model„ (rpm)** versucht, die dabei zu beobachtenden Prozesse in systematischer Weise zu veranschaulichen. Die nachfolgende Darstellung zeigt das.

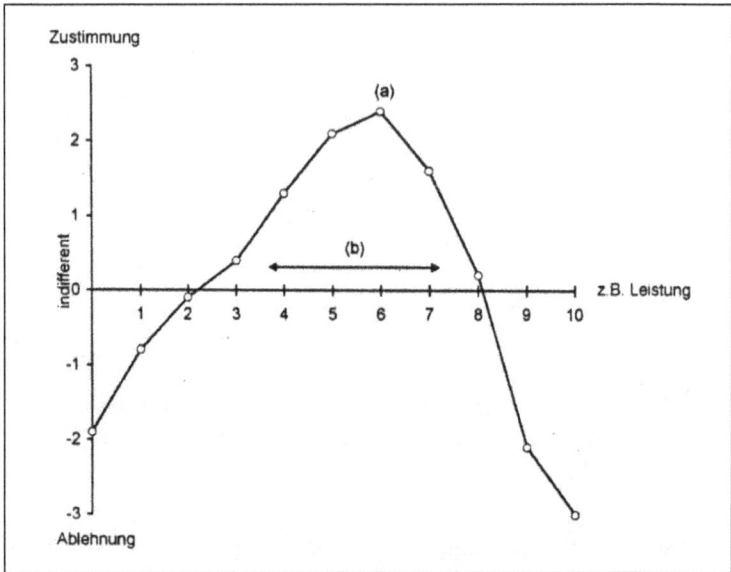

Abbildung 6: Return potential Model (rpm) nach Jackson
Quelle: Lutz v. Rosenstiel, 2000, S. 259

Die **entscheidenden Punkte**, die es zu quantifizieren gilt, sind dabei:

- **Punkt der höchsten Zustimmung** (a).

- **Weite des noch tolerierten, also keine negativen Sanktionen hervorrufenden Verhaltens** (b).

---

[43] v. Rosenstiel, L., „Grundlagen der Organisationspsychologie", 2000, S. 258, aus: Jack-

---

- **Belohnungsdifferenz**: d.h. das Ausmaß von Belohnung und Bestrafung, das mit dem normierten Verhalten verbunden ist. Der Wert errechnet sich als Summe der sozialen Reaktionen auf die möglichen Verhaltensausprägungen des Gruppenmitglieds. Dieser Wert kann positiv sein (wenn z.B. konformes Verhalten belohnt, abweichendes aber nicht bestraft wird), neutral (wenn z.B. konformes Verhalten belohnt, abweichendes gleich intensiv bestraft wird) oder negativ (wenn z.B. konformes Verhalten nicht belohnt, abweichendes jedoch bestraft wird).

- **Intensität**: d.h. die Stärke der Sanktion. Der Wert wird durch Summierung der Intensitäten der Reaktion ohne Rücksicht auf das Vorzeichen errechnet.

- **Kristallisation**: d.h. der Grad der Übereinstimmung der Gruppenmitglieder bezüglich ihrer Sanktionen auf das Verhalten eines Gruppenmitglieds. Operationalisiert wird dies über Streuungs- bzw. Objektivitätsmaße.

„Das wechselseitige Sanktionieren normgebundenen Verhaltens in Gruppen ist ein Faktor, der die Aufrechterhaltung von Gruppennormen und Konformitätsdruck erklären kann." [44]

Doch wie entstehen nun diese Normen in Gruppen?

---

son, J., „Structural characteristics of norm", 1965.

[44] Hoyos, C./Frey, D. (Hrsg.), „Arbeits- und Organisationspsychologie", 1999, S. 360

„Gruppeninterne Normen entwickeln sich nicht autonom in einem luftlee-ren Raum, sondern einerseits aus dem Zusammenspiel zwischen inter-nen Bedingungen der Gruppe und andererseits aus den Reaktionen der Gruppe auf die externen Bedingungen ihrer relevanten Umwelt." [45]

Die erwähnten beeinflussenden Bedingungen können in interne und ex-terne aufgeteilt werden:[46]

Interne Bedingungen können sein:

- soziale Differenzierung: Rollenaufteilung

- Anzahl der Mitglieder

- Entstehungsgründe der Gruppe

- welches Ziel (Aufgabe) hat die Gruppe

- Zeitfaktor

- homogene oder inhomogene Gruppe sowohl in vertikaler als auch horizontaler Sicht

- individuelle Lebenserfahrung der Mitglieder

- Funktion der Gruppe

---

[45] Titscher/Froschauer, „Gruppen: Systeme – Prozesse – Funktionen", 1984, S. 53

[46] vergl. Titscher/Froschauer, „Gruppen: Systeme – Prozesse – Funktionen", 1984, S. 54

Externe Bedingungen (Umweltfaktoren):

- bereits bestehende Normen

- Stellung der Gruppe innerhalb der Gesellschaft

- Herkunft der Mitglieder

- Positionen, die Mitglieder außerhalb der Gruppe innehaben (z.B. Familie, Beruf, Partei- und Vereinszugehörigkeit)

- welcher Zweck wird der Gruppe von der Umwelt zugeschrieben

„Akteure haben aufgrund erinnerter Geschichte Erwartungen und Erwartungserwartungen, wobei der Umwelt eine erhebliche Bedeutung zukommt: das heißt, Erwartungen und Erwartungserwartungen sind sehr eng mit Erfahrungswerten verbunden, es muss eine Vergleichsbasis geben."[47]

Vorangehende Erfahrungen müssen mit den begründeten Erwartungen übereinstimmen. Wenn eine Erwartung hinsichtlich eines bestimmten Verhaltens in einer bestimmten Situation besteht, dann kann diese bestätigt werden oder nicht. Diese Erwartung kann aber nur dann entstehen bzw. vorhanden sein, wenn es diesbezüglich Erfahrungswerte gibt.

Wird die Erwartung bestätigt bzw. wird das Verhalten nicht negativ sanktioniert, dann kann dieses Verhalten zu regelmäßigen Verhaltensweisen werden – und somit zur Norm.

---

[47] Titscher/Froschauer, „Gruppen: Systeme – Prozesse – Funktionen", 1984, S. 53

„Weiters von Bedeutung ist, von wem die Norm gesetzt wird, wer also Normsetzer ist, denn für die Anerkennung einer Norm ist von Bedeutung, wer den Normsatz ausspricht oder vermittelt, denn ob sie eingehalten und akzeptiert wird oder nicht, hängt von der Macht (Einfluß, Autorität) ab, die der Normsetzer innerhalb der Gruppe hat, wobei diese Macht eine Erscheinungsform der sozialen Interdependenz ist.“[48]

Popitz[49] unterscheidet neben dem in obigem Zitat erwähnten Normsetzer noch 3 weitere Begriffe bzw. Rollen, die Gruppenmitglieder in Zusammenhang mit Normen einnehmen können:

- **Normsetzer**
- **Normsender**
- **Normhüter**
- **Normadressaten**

Normsetzer sind jene Akteure, denen es gelingt, die von ihnen gesetzten Normen auch durchzusetzen, die also tatsächlich akzeptiert werden. Hierbei kommt es vor allem auf die Macht an, die der Normsetzer innerhalb der Gruppe hat.

Normsender sind jene Akteure, die durch ihr Verhalten, sei es verbal oder nonverbal, zu erkennen geben, dass sie für die Geltung einer be

---

[48] Titscher/Froschauer, „Gruppe: Systeme – Prozesse – Funktionen“, 1984, S. 53

[49] vergl. Popitz, H, „Die normative Konstruktion von Gesellschaft“, 1980, S. 43 f. zitiert in: Titscher/Froschauer, „Gruppe: Systeme – Prozesse – Funktionen“, 1984, S. 54f

stimmten Norm eintreten. Das kann z.B. etwa so aussehen, dass bei Abweichen von einer Norm dies sehr scharf verurteilt wird und ausdrücklich eine Sanktion gefordert wird.

Normhüter sind jene Akteure, die durch bewußte Kontrolle des Verhaltens anderer zur Erhaltung von Normen beitragen; dadurch soll ein von den herrschenden Normen abweichendes Verhalten minimiert werden. Das heißt aber auch, dass mit dem Inhaber einer Normhüterposition ebenfalls ein großes Machtpotential verbunden sein muss. Oft sind Normsetzer und Normhüter die selbe Person.

Normadressaten, das sind jene Mitglieder, für die die gesetzten Normen gelten. Hier wird zum einen zwischen Mitgliedern verschiedener Gruppen unterschieden, aber auch innerhalb einer Gruppe kann es Abstufungen geben. Das heißt, dass bestimmte Normen nicht gleichzeitig für alle Mitglieder innerhalb der Gruppe gelten, was natürlich zu Problemen führen kann.

2.2.3 Relativ intensive, wechselseitige Beziehungen

Diesen Punkt sehen sehr viele Autoren als sehr wichtigen Bestandteil der Gruppen- bzw. Teamdefiniton.

Diese Art der wechselseitigen Beziehungen wird **Interaktion** genannt.

„Unter Interaktion als dem grundlegenden Phänomen des Verhaltens zwischen Menschen versteht man zweckgerichtete wechselseitige soziale Beziehungen zwischen mindestens zwei Interaktionspartnern." [50]

Wichtig ist hier die **Abgrenzung von Kommunikation und Interaktion**. Im allgemeinen wird die Auffassung vertreten, dass Interaktion eine spezielle Art der Kommunikation darstellt. Interaktion wird hier als erfolgreich zustande gekommene verbale und nichtverbale Kommunikation verstanden. Andererseits stellt Interaktion eine Form sozialen Handelns dar, da es über den *„... materiellen Aspekt der Informations- bzw. Nachrichtenermittlung hinausgeht ..."* [51].

Von vielen Autoren wird im Zusammenhang mit Interaktionen die Unmittelbarkeit als besonders wichtig herausgekehrt.

Direkte (face-to-face) Kontakte sind wesentliche Voraussetzungen für Gruppen bzw. Teams.

---

[50] Staehle, W.H., „Management", 1999, S. 308.

[51] Staehle, W.H., „Management", 1999, S. 309.

Um die Interaktionsprozesse in Gruppen zu Analysieren, hat George Homans[52] ein Grundkonzept zur Analyse sozialen Verhaltens in Gruppen entwickelt.

Es beruht primär auf den Konstrukten[53]

- **Aktivität (activity)**

  Alle Handlungen und Tätigkeiten einer Person, wie Laufen, Sprechen, Maschinenbedienen.
  Es wird zwischen extern geforderten Aktivitäten, wie organisatorische Regeln, Vorschriften, Anweisungen von Vorgesetzten und intern sich entwickelnden Aktivitäten, wie Leistungsrestriktionen, Redefinition der Arbeitsaufgabe, informelle Kontakte, unterschieden.

- **Interaktion (interaction)**

  Jede Form der erfolgreichen Kommunikation oder Kontaktaufnahme zwischen zwei Personen.

  Erfolgreich heißt, dass Kommunikation stattgefunden hat und nicht nur intendiert war; dass eine Reaktion feststellbar ist. Hierzu gehören auch alle Formen der nichtverbalen Kommunikation. Auch im Bereich der Interaktionen wird zwischen erforderlichen, geplanten und ad hoc entstehenden unterschieden. Im Modell von Homans haben die Häufigkeit der Interaktionen und die Quelle, von der die Interaktion ausgeht (der Initiator), eine besondere Bedeutung.

---

[52] Homans, G.C., „The human group", 1992, S. 34f.

- **Empfindungen (sentiments)**

    Alle Ideen, Gefühle, Annahmen über die Aufgaben, Tätigkeiten einer Gruppe sowie über die Gruppenmitglieder; alle Motive des Handelns.

    Empfindungen können im Gegensatz zu Aktivitäten und Interaktionen nicht beobachtet werden, was deren empirische Erhebung bedeutend erschwert. Auch hier kann zwischen geforderten Empfindungen und eigenen Empfindungen unterschieden werden.

    Geforderte Empfindungen können zum Beispiel vom Management vorgeschriebene Einstellungen zur Arbeit sein, eigene Empfindungen bringt jede Person mit in die Gruppe ein (Werte) und entwickelt sie am Arbeitsplatz gemeinsam mit anderen (Gruppennormen).

    Aktivitäten und Interaktionen führen zu Empfindungen, die wiederum Aktivitäten und Interaktionen beeinflussen.

In Bezug auf die menschliche Verhaltensweise verwendet Homans den Begriff **„payoff"**. Dieses payoff ist die Belohnung oder Bestrafung durch den Interaktionspartner – davon wird die eigene Verhaltensweise abhängig gemacht.

Nach der Art der Belohnung läßt sich zwischen ökonomischem Austausch (Geld, Ware, Dienste) und sozialem Austausch (Achtung, Anerkennung, Unterstützung) unterscheiden. [54]

---

[53] verg. Staehle, W.H., „Management", 1999, S. 309 ff.

[54] vergl. Blau, P.M., „Exchange and power in social life", 1964. zitiert in: Staehle, W.H., "Management", 1999, S. 310.

Homans sieht bestimmte Verhaltenskonsequenzen als Kosten an, und zwar in Gestalt von Verzicht auf Belohnung. Ein solcher Verzicht wird erwogen, wenn alternative Verhaltensweisen mit noch höheren Kosten verbunden sind oder zukünftige Erträge die Kosten überkompensieren.

Diese „**Austauschtheorie**" interpretiert die Interaktion in Gruppen als Austauschprozess.

„Zwischenmenschliches Verhalten baut sich aus einem ständigen Geben und Nehmen auf, wobei keiner mehr Kosten als der andere tragen und möglichst mit Gewinn aus der ‚give-and-take'-Situation herauskommen möchte." [55]

Laut Homans ist die Häufigkeit der Interaktionen deshalb so wichtig für eine Gruppe bzw. ein Team, weil laut ihm die zwischenmenschliche Sympathie proportional zur Anzahl der Kontakte steigt.

---

[55] Staehle, W.H., „Management", 1999, S. 311.

Rosenstiel[56] analysiert Homans' Aussagen diesbezüglich und kommt zu der Erkenntnis, dass sich gegen diese Gesetzmäßigkeit zwar immer wieder gegenläufige Fallbeispiele ins Feld führen lassen, die generelle Gültigkeit aber für Normalsituationen immer wieder nachgewiesen werden konnte.

„Der Aufbau von Sympathie, von Gefühlen der Vertrautheit aufgrund eine Häufung der Kontakte, gilt freilich nicht nur für die Beziehung zwischen Menschen, sondern scheint ein relativ generelles Phänomen zu sein. So konnte empirisch vielfach gezeigt werden, dass auch Worte, Gegenstände des täglichen Konsums oder Situationen mit der Häufigkeit der Kontakte eine positivere emotionale Besetzung fanden." [57]

Eine wichtige Bedingung, damit häufige Kontakte zu steigender Sympathie führen und damit die Wahrscheinlichkeit eines Gruppenzusammenschlusses steigt, ist allerdings Folgende: die Kontakte dürfen für die einzelnen nicht lästig, unangenehm oder enttäuschend sein.

Deshalb betont Vroom die Notwendigkeit, *„... die Bedingungen zu spezifizieren, unter denen Interaktion belohnend oder unter welchen sie frustrierend sein wird ..."* [58].

---

[56] vergl. v. Rosenstiel, L., „Grundlagen der Organisationspsychologie", 2000, S. 255 ff.

[57] v. Rosenstiel, L., „Grundlagen der Organisationspsychologie", 2000, S. 255.

[58] Vroom, V.H., „Work and motivation", 1964. zitiert in: v. Rosenstiel, L., "Grundlagen der Organisationspsychologie", 2000, S. 255.

Ein hier noch wichtiger Punkt ist die wahrgenommene Ähnlichkeit der Gruppen bzw. Teammitglieder. Diese spielt auch für den Gemeinschaftsgeist eine große Rolle und wird deshalb unter Punkt 2.2.4 näher behandelt.

2.2.4 Ausgeprägter Gemeinschaftsgeist

Wie wichtig der ausgeprägte Gemeinschaftsgeist für ein Team sein kann, zeigt sich oft dadurch, dass Teammitglieder sich sehr stark mit ihrem Team identifizieren, ja sogar stolz darauf sind, in diesem Team zu sein.

Schon bei der Gruppenbildung kann **wahrgenommene Ähnlichkeit** eine wichtige Bedingung sein. Diese Ähnlichkeit bzw. Gleichheit kann zum Beispiel in Bezug auf Ausbildung, soziale Schicht, Arbeitsinhalt, Konflikt mit einem Vorgesetzten oder anderen Abteilungen etc., gegeben sein.

Da dies häufig bei betrieblichen Einheiten gegeben ist, läßt sich daraus eine gesteigerte Bereitschaft ableiten, „... sich im sozialpsychologischen Sinne zur Gruppe zusammenzuschließen. Dies gilt in ganz besonderem Maße wenn man bedenkt, dass in sehr arbeitsteiligen Organisationen die Arbeit selbst wenig Sinnerfüllung und Befriedigung zu bieten vermag, so dass es gerade die sozialen Beziehungen sind, die kompensatorisch zur Bedürfnisbefriedigung beitragen müssen."[59]

---

[59] v. Rosenstiel, L., „Grundlagen der Organisationspsychologie", 2000, S. 256.

Es wurde nachgewiesen, dass vor allem bei Personen, die hierarchisch in der Organisation niedrig angesiedelt sind und die Tätigkeiten mit geringem Handlungsspielraum ausüben, die guten Beziehungen zu Kollegen wichtig für die Arbeitszufriedenheit sind.[60]

Allerdings wird dieser Aspekt auch oft überbewertet. Schein geht bei seinen Typologien von Menschenbildern auch auf das Konzept des „social man"[61] ein. Dieses Konzept geht davon aus, dass Menschen in erster Linie durch soziale Bedürfnisse motiviert werden. Als Folge der Sinnentleerung der Arbeit wird in sozialen Beziehungen am Arbeitsplatz Ersatzbefriedigung gesucht. Der Mitarbeiter wird stärker durch soziale Normen seiner Arbeitsgruppe als durch Anreize und Kontrollen des Vorgesetzten gelenkt.

Dieses Konzept wurde allerdings in der Vergangenheit auch oft überstrapaziert, vor allem von der „human-relations-Bewegung"[62].

Eine weitere Kritik kommt von Rosenstiel.

„In der realen Lebenssituation wird man sich allerdings häufig zu fragen haben, ob nun die Sympathie Ursache der wahrgenommenen Ähnlichkeit oder die Ähnlichkeit Ursache der Sympathie ist."[63]

---

[60] vergl. v. Rosenstiel, L., „Grundlagen der Organisationspsychologie", 2000, S. 256.

[61] vergl. Schein, E.H., „Organisationspsychologie", 1980, S. 81 f.

[62] vergl. kritisch Neuberger, O., „Organisation und Führung", 1977. zitiert nach: v. Rosenstiel, L., „Grundlagen der Organisationspsychologie", 2000, S. 255.

[63] v. Rosenstiel, L., „Grundlagen der Organisationspsychologie", 2000, S. 256.

Unbestritten ist laut Rosenstiel jedoch, dass wahrgenommene Ähnlichkeit zwischen den Teammitgliedern kein Nachteil sondern eine hilfreiche Voraussetzung ist, um Gemeinschaftsgeist zu entwickeln.[64]

Ein weiterer wichtiger Punkt, neben der unter Punkt 2.2.3 erwähnten Kontakthäufigkeit und der wahrgenommenen Ähnlichkeit, ist **gemeinsamer Erfolg** beim Erfüllen der Aufgabe. Es wurde bereits erwähnt, wie wichtig gerade für Teams die Ziele und Aufgaben sind. Je komplexer und schwieriger diese Aufgaben sind, um so größer wird der Vorteil der Gruppenzugehörigkeit von den einzelnen Mitgliedern erlebt.

„Durch Kooperation, durch das Zusammenwirken mit anderen, wird die Selbstwirksamkeit erlebt und die Mitgliedschaft in der Gruppe positiv bewertet." [65]

Probleme können entstehen, wenn der Gemeinschaftsgeist innerhalb des Teams zu groß wird, die Gruppe sich als „alleine" innerhalb der Organisation sieht, und andere Gruppen, Teams oder Organisationsmitglieder als „Feinde" betrachtet werden.

Auch hier ist, wie schon im vorigen Punkt, der Übergang zum nächsten Definitionsbestandteil, dem „Relativ starken Gruppenzusammenhalt", fließend. Mehr deshalb im nächsten Punkt.

---

[64] vergl. v. Rosenstiel, L., „Grundlagen der Organisationspsychologie", 2000, S. 255.

[65] Spieß, E., „Kooperatives Handeln in Organisationen", 1996. zitiert in: v. Rosenstiel, L., „Grundlagen der Organisationspsychologie", 2000, S. 256.

Relativ starker Gruppenzusammenhalt

"Eine notwendige Bedingung für das Bestehen von Gruppen ist ein gemeinsames Streben nach Zielerreichung und Bedürfnisbefriedigung." [66]

Ist die Mitgliedschaft in einer Gruppe von hoher Attraktivität, etwa weil Zielerreichung und Bedürfnisbefriedigung im Kontext der Gruppe besser gelingen, dann ist man bestrebt, die Bindung an die Gruppe aufrechtzuerhalten.

Laut Lutz von Rosenstiel wird, in Anlehnung an Festinger, *"... die durchschnittliche Attraktivität der Gruppe für ihre Mitglieder [...] meist als Gruppenkohäsion bezeichnet."* [67]

Allerdings liegt für Rosenstiel ein Problem dieser Definition darin, dass sie von durchschnittlichen Werten der Attraktivität ausgeht und Streuungen vernachlässigt. Deshalb sei hier folgendes Zitat angeführt, das etwas weiter greift:

"Die Summe aller Kräfte, die die Bindung an eine Gruppe bewirken, wird Kohäsion genannt." [68]

---

[66] Lewin, K., „Resolving social conflicts: Selected papers on group dynamics", 1948; zitiert in: v. Rosenstiel, L., "Grundlagen der Organisationspsychologie", 2000.

[67] v. Rosenstiel, L., „Grundlagen der Organisationspsychologie", 2000, S. 258, unter Verweis auf Festinger, L., „Informal social communication", 1950, S. 271-282.

[68] Hoyos, C./Frey, D. (Hrsg.), „Arbeits- und Organisationspsychologie", 1999, S. 359.

Seit Festinger, der dieses Konzept einführte, werden **drei Kohäsionskräfte** unterschieden:

- Die Attraktivität der Gruppe für ihre Mitglieder (Stolz auf die Gruppe),

- die Attraktivität zwischen einzelnen Gruppenmitgliedern (Sympathiebeziehungen) und

- die Attraktivität der Gruppenaufgabe (Aufgabenmotivation).

Staehle[69] nennt folgende Gründe für die Attraktivität einer Gruppe:

- Ziele, Aufgaben der Gruppe

- charismatischer Führer

- Reputation für erfolgreiche Aufgabenerfüllung (hohes Prestige der Gruppe)

- geringe Gruppengröße

- hilfreiches, entgegenkommendes Verhalten.

---

[69] Staehle, W.H., „Management", 1999, S. 282.

Allerdings kann eine Gruppe auch dann weiterbestehen, wenn die Gruppenkohäsion gering ist – nämlich dann, wenn die Gruppenmitglieder von der Gruppe abhängig sind; wenn sie also bei Verlust der Mitgliedschaft Vorteile einzubüßen fürchten, die sie woanders nicht zu erreichen glauben. Man spricht in diesem Zusammenhang von der sogenannten Dependenz der Gruppe.[70]

Tatsächlich ist hier eine Kombination von mehreren Voraussetzungen zur Gruppenbildung zu beachten. Vor allem Normen und Kohäsion können in Zusammenhang gebracht werden.

„Zu erwarten ist, dass die interindividuelle Streuung der Leistung der Gruppenmitglieder um so geringer ist, je höher die Kohäsion ist, dass aber die Höhe der gesetzten Leistungsnorm relativ unabhängig von dieser Kohäsion herausgebildet wird." [71]

Bei einer Gruppe mit hoher Kohäsion kann die Leistungsnorm ebenfalls sehr hoch sein. In diesem Fall ließe sich von einer effektiven, leistungsorientierten Gruppe sprechen.

Hohe Kohäsion ist allerdings nicht gleichbedeutend mit hoher Leistungsnorm.

---

[70] vergl. v. Rosenstiel, L., „Grundlagen der Organisationspsychologie", 2000, S. 258.

[71] v. Rosenstiel, L., „Grundlagen der Organisationspsychologie", 2000, S. 260.

Belegt wurden diese Hypothesen durch ausführliche Studien, unter anderem auch von Seashore[72].

Bei diesen Untersuchungen wurden durch Manipulationen (den Versuchspersonen wurde der Eindruck vermittelt, sie paßten – je nach Zuordnung zu einer der Versuchsbedingungen – besonders gut oder schlecht zueinander) die Personen der einzelnen Arbeitsgruppen zu Mitgliedern hoch kohäsiver bzw. wenig kohäsiver Gruppen. Hohe bzw. niedrige Leistungsnormen wurden dadurch induziert, dass die Gruppenmitglieder den Eindruck gewannen, von anderen Gruppenmitgliedern Botschaften zu erhalten, in denen sie zu hoher bzw. geringer Leistung aufgefordert wurden. Tatsächlich aber stammten diese Botschaften vom Versuchsleiter, der sie geschickt in die Gruppen „einschmuggelte". Erwartungsgemäß wurde die Streuung um die Leistungswerte der Gruppenmitglieder um so kleiner, je höher die Kohäsion war; die durchschnittliche Leistung um so höher, je höher die gesetzten Leistungsnormen waren.[73]

---

[72] Seashore, S., „Group cohesiveness in the industrial work group", 1954. zitiert in: v. Rosenstiel, L., "Grundlagen der Organisationspsychologie", 2000, S. 260f.

[73] vergl. v. Rosenstiel, L., „Grundlagen der Organisationspsychologie", 2000, S. 260/261.

Nachfolgende Darstellung zeigt – schematisch vereinfacht – die geschilderten Effekte aus Seashore's Untersuchung:

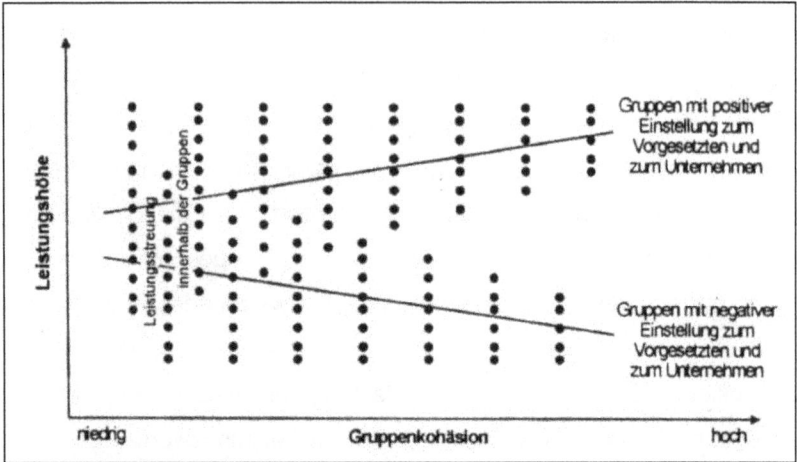

Abbildung 7: Durchschnittliche Leistungshöhe und Leistungsstreuung in Abhängigkeit von den Einstellungen zum Vorgesetzten und zum Unternehmen
Quelle: Lutz v. Rosenstiel, 2000, S. 261

Staehle[74] faßt die Ergebnisse diverser Forschungsarbeiten über **Bedingungen und Folgen von Gruppenkohäsion** folgendermaßen zusammen:

- Kleinere Gruppen weisen tendenziell höhere Kohäsion auf als größere.

- Erfolgreiche Gruppen weisen tendenziell höhere Kohäsion auf als weniger erfolgreiche.

---

[74] Staehle, W.H., „Management", 1999, S. 282.

- Homogene Gruppen (Ausbildung, Einstellung) weisen tendenziell höhere Kohäsion auf als heterogene.

- Gruppen, die eine Vielzahl von sozialen Kontakten erlauben (z.B. face-to-face Gruppe, Vollstruktur), weisen tendenziell höhere Kohäsion auf als solche mit interaktionsbehindernden Arbeitsbedingungen (z.B. Fließband, Lärm, mangelnder Sichtkontakt).

- Gruppen mit starkem Intragruppen-Wettbewerb weisen kohäsionsmindernde Tendenzen auf; Gruppen im Intergruppen-Wettbewerb und solche, die Angriffen von Außen ausgesetzt sind, weisen kohäsionssteigernde Tendenzen auf.

- Gruppen, in denen Einigkeit über die Gruppenziele herrscht, weisen tendenziell höhere Kohäsion auf als solche, bei denen dies nicht der Fall ist.

Auch die Faktoren, die Gruppenkohäsion fördern bzw. hemmen lassen sich laut Staehle[75] folgendermaßen gegenüberstellen:

---

[75] Staehle, W.H., „Management", 1999, S. 283.

Kohäsionsfördernd	Kohäsionshemmend
• Häufigkeit der Interaktion, Attraktivität und Homogenität • Intergruppen-Wettbewerb • Einigkeit über Gruppenziele • Erfolg und Anerkennung	• Gruppengröße • Einzelkämpfer, individuelle Leistungsbewertung • Intragruppen-Wettbewerb • Zielkonflikte • Misserfolge

Abbildung 8: Kohäsionsfördernde und Kohäsionshemmende Faktoren
Quelle: Wolfgang H. Staehle, 1999, S. 283

2.2.5 Spezifische Arbeitsform

Die Experten sind sich darin einig, dass Teamarbeit eine spezielle Arbeitsform erfordert bzw. voraussetzt. Doch wie sieht diese Arbeitsform aus – und wo läßt sich hier die Unterscheidung zwischen Gruppenarbeit und Teamarbeit treffen?

Um diese Frage zu klären zuerst ein kurzer Blick auf die **Gruppenarbeit**.

Gruppenarbeit wird zwar von Gruppen geleistet, aber nicht jede Gruppe leistet Gruppenarbeit:[76]

---

[76] vergl. Schulte-Zurhausen, M., „Organisation", 1999, S. 166.

- Bei der **Arbeit in Gruppen** werden Menschen zusammengefaßt, um gemeinsam eine Aufgabe oder einen Aufgabenbereich zu erfüllen. Die Rolle des einzelnen in der Gruppe und die Bedeutung der Gruppe für den einzelnen bleibt offen; die aufgeführten Merkmale einer Gruppe sind nur teilweise gegeben. Die gemeinsame Aufgabe wird durch eine Ansammlung von Einzelkämpfern erledigt, die zudem in einem kontraproduktiven Konkurrenzverhältnis zueinander stehen können.

- Bei der **Gruppenarbeit** dagegen werden die Gruppenmitglieder zusammengeschlossen, um die gemeinsame Aufgabe auch durch gemeinsame Anstrengungen zu lösen. Hierbei werden die individuellen Fähigkeiten und die gegenseitige Einstellung der Gruppenmitglieder überlegt aufeinander abgestimmt mit dem Ziel, dass sich aus ihrem Zusammenwirken (Integration) eine in quantitativer und qualitativer Hinsicht größere Gesamtleistung ergibt als die Summe der isolierten Einzelleistungen.

Soviel zur Unterscheidung von „Arbeit in Gruppen" und „Gruppenarbeit". Doch wie läßt sich davon **Teamarbeit** abgrenzen?

Ganz einfach – zumindest wenn es nach Peter Drucker geht – Teamgestaltung setzt einen **kontinuierlichen Auftrag** voraus. Die spezifischen Aufgaben können zwar häufig wechseln, jedoch der kontinuierliche Auftrag muss vorhanden sein.

Wenn es keinen derartigen Auftrag gibt, „... *entsteht höchstens eine ad hoc geschaffene vorübergehende Arbeitsgruppe, aber keine auf dem Team als permanenter Einheit aufbauende Organisation"* [77].

Wenn sich die Aufgaben nicht ändern oder wenn ihre relative Bedeutung oder Folge unverändert bleibt, so ist nach Peter F. Drucker „... *eine Teamorganisation überflüssig"* [78].

Wichtig ist hier also der zeitliche Aspekt – Teams bestehen über einen längeren Zeitraum und haben einen „großen, kontinuierlichen Auftrag", welcher wiederum verschiedene, wechselnde Aufgaben mit sich bringt.

Diese Aussagen bzw. Definitionen Druckers stimmen allerdings nicht ganz mit der in dieser Arbeit verwendeten Teamdefinition überein. Behält man diese bei, so ist die Abgrenzung zwischen Gruppe und Team eine andere.

Hier wird nämlich die Unterscheidung über die sozialen Beziehungen getroffen. Demnach wird aus einer Gruppe ein Team, wenn die Mitglieder beginnen, Beziehungen untereinander aufzubauen – und somit das stark ausgeprägte Zusammengehörigkeitsgefühl, den Teamgeist, entwickeln.

---

[77] Drucker, P.F., „Neue Management-Praxis, Zweiter Band: Methoden", 1974, S. 260.

[78] vergl. Drucker, P.F., „Neue Management-Praxis, Zweiter Band: Methoden", 1974, S. 260.

Eine weitere Besonderheit der Arbeit in Teams ist die **Führung** dieser Teams. In den meisten Fällen sind Teams, abgesehen von ihrem Auftrag, sehr autonom und werden mit einem hohen Maß an Eigenverantwortung geführt. Ein Team ist jedoch nicht durch Formlosigkeit oder durch den Wegfall von Regelungen charakterisiert. Die Führung in Teams spielt vielmehr eine sehr wichtige Rolle – jedes Team braucht „Anleitung".

Im Gegensatz zu Arbeitsgruppen lassen sich in Teams grundsätzlich **zwei Modelle der „Teamführung"** unterscheiden:[79]

- Es gibt einen ständigen Teamleiter.
- Die Teamleitung ist nur vorübergehend und wechselt phasenbedingt.

Im zweiten Fall muss es aber trotzdem ein Teammitglied geben, das den jeweiligen Leiter einer Phase bestimmt. Dieses Teammitglied ist dann nicht für die anfallenden Entscheidungen und Anordnungen verantwortlich, sondern für die Bestimmung desjenigen, der in einer bestimmten Phase und unter bestimmten Bedingungen die Entscheidungs- und Weisungsbefugnis hat.

---

[79] vergl. Drucker, P.F, „Neue Management-Praxis, Zweiter Band: Methoden", 1974, S. 260.

„Ein Team ist somit nicht in dem Sinne ,demokratisch', dass Entschei-
dungen durch Mehrheitsbeschluß getroffen werden. Es betont Autorität,
doch leitet sich diese aus der Aufgabe ab und orientiert sich allein an
ihr." [80]

Das gesamte Team ist immer für die Aufgabe verantwortlich. Der einzelne trägt einerseits mit seinen besonderen Fähigkeiten und seinem Wissen bei und ist andererseits für den Output und die Gesamtleistung verantwortlich.

Denn das Team ist eine Einheit – deshalb müssen die Teammitglieder
auf jeden Fall die Funktionen und potentiellen Beiträge aller kennen.

Wichtig ist also das gegenseitige Verstehen der einzelnen Aufgaben und
das gemeinsame Verständnis für die gemeinsame Aufgabe.

---

[80] Drucker, P.F., „Neue Management-Praxis, Zweiter Band: Methoden", 1974, S. 260.

2.3 Anlässe zur Teambildung

Im folgenden soll in aller Kürze auf mögliche Anlässe zur Teambildung eingegangen werden.

Laut Bendixen können die spezifischen Merkmale eines Teams als Antwort auf **drei spezifische organisatorische Problemkonstellationen** gedeutet werden.[81]

- **Wachsende Aufgabenkomplexität:**

  Die wachsende Komplexität der zu bewältigenden Aufgaben übersteigt die Informationsverarbeitungs-, Steuerungs- und Verantwortungskapazität einer auf Einzelentscheidungen beruhenden Organisationsstruktur.

  Die zunehmende Komplexität und Vernetzung technischer, organisatorischer und sozialer Strukturen und Prozesse begünstigt die Verbreitung der Teamarbeit innerhalb der Unternehmen.

- **Hoher Innovationsbedarf**

  Der hohe Innovationsbedarf läßt sich nicht mehr durch die kreativen Potentiale „unsystematischer Einzelerfindungen" sicherstellen.

---

[81] vergl. Bendixen, P., „Teamorientierte Organisationsformen", 1980, Sp. 2227-2236. zitiert in: Wiendieck, G., „Teamarbeit", in „Handwörterbuch der Organisation", Sp. 2377ff.

Fraglich ist bei diesem Punkt allerdings, ob Teams tatsächlich eine ideale Lösung sind, wenn man nach neuen, kreativen Lösungen sucht. Zwar steigt in Gruppen bzw. Teams die Bereitschaft, riskantere Entscheidungen zu treffen, doch dass Gruppen tatsächlich zu kreativeren bzw. innovativeren Lösungen gelangen als Einzelpersonen ist nicht unbedingt erwiesen.

- **Legitimationskrise hierarchisch-direktiver Strukturen**

  Demokratisierungstendenzen und gesellschaftlicher Wertewandel führten zu einer Legitimationskrise hierarchisch-direktiver Strukturen und begünstigten den Aufbau partizipativer Organisationsformen.

  In diesem Sinne können Teams auch konfliktregelnde Funktionen übernehmen, wenn sie dazu beitragen, Blockbildungen zwischen Interessensgruppen aufzuweichen. So weist Rosow[82] auf die kooperationsfördernden Wirkungen der gemischten Teams von Management und Mitarbeitern sowie Unternehmern und Gewerkschaften hin.

Fraglich bleibt laut Bendixen jedoch, wie weit diese „ ... *komplexitätsbeherrschenden, innovationsaktivierenden und partizipationsfördernden Zielsetzungen kompatibel sind.*"[83]

---

[82] Rosow, J.E., „Teamwork: Pros, Cons and Prospects for the Future", 1986, S. 3-11. zitiert in: Wiendieck, G., „Teamarbeit", in „Handwörterbuch der Organisation", Sp. 2377ff.

[83] vergl. Bendixen, P., „Teamorientierte Organisationsformen", 1980, Sp. 2227-2236. zitiert in: Wiendieck, G., „Teamarbeit", in „Handwörterbuch der Organisation", Sp. 2377ff.

Christoph v. Haug versucht, den Rahmen des sinnvollen Einsatzes von Teamarbeit abzustecken.

Im Folgenden die Situationen bzw. Aufgabenstellungen, für die seiner Meinung nach Teamarbeit sinnvoll ist.

Teamarbeit ist vorteilhaft, wenn:[84]

- **komplexe Aufgaben verwirklicht und vielfältige Probleme im Sinne der Interessen aller kreativ gelöst werden sollen.** Teams sind für die Bewältigung all der Aufgaben sinnvoll, die eine interdisziplinäre Zusammenarbeit erfordern, d.h. wo für einen hohen Wirkungsgrad von Problemlösung die Kooperation mehrerer Spezialisten notwendig ist.

- **die Aufgabe ein schnelles und gezieltes Reagieren auf Veränderungen notwendig macht.** Teams zeichnen sich durch Flexibilität hinsichtlich ihrer Handlungsstrategien aus und sind daher überall dort angesagt, wo der Erfolg eines Vorhabens von einem raschen und effektiven Einstellen auf eine neue Situation abhängt.

- **der Erfolg eines Auftrags von einer gleichbleibenden und anhaltend hohen Motivation der beauftragten Mitglieder lebt.** Das Team zeichnet sich durch ein gutes zwischenmenschliches Klima aus und liefert dem einzelnen Mitglied die Möglichkeit, das eigene Selbstwertgefühl zu stärken und gleichzeitig durch das Wir-Gefühl der Gemeinschaft zu Aktivität und Leistung angespornt zu

---

[84] vergl. v. Haug, C., „Erfolgreich im Team", 1994, S. 20 ff.

werden. Das Team gibt seinen Mitgliedern die Gelegenheit, ihre hohen Bedürfnisse nach Anerkennung, Selbstverwirklichung und Selbstachtung zu befriedigen, was zu hoher Zufriedenheit und ausgeprägtem Leistungswillen führt.

- **die Aufgabe möglichst praxisgerechte und realisierbare Entscheidungen fordert.** Teams haben nicht nur den Vorteil, dass sie tendenziell qualitativ hochwertigere Entscheidungen fällen können als Einzelpersonen, sondern außerdem, dass Entscheidungen so getroffen werden, dass sich alle Teammitglieder damit identifizieren können. Dies ist wiederum die wichtigste Bedingung dafür, dass Entscheidungen korrekt und nicht halbherzig in die Tat umgesetzt werden.

- **in einem Unternehmen grundlegende Veränderungen durchgeführt werden sollen.** Einzelpersonen fehlt es meist an Einflußkraft, um tiefgreifende Umstrukturierungen zu bewirken, in einem Team vereinen sich jedoch mehrere Kräfte, die dementsprechend eher Einfluß nehmen und Änderungen durchsetzen können.

- **das Unternehmen die Notwendigkeit einer stetigen Weiterentwicklung seiner Mitarbeiter erkannt hat und dieser in Form von innerbetrieblicher Fortbildung nachkommen will.** Da sich in einem Team ein großes Wissenspotential und eine Vielfalt von Fertigkeiten vereinigt, können alle Mitglieder sowohl fachlich als auch sozial voneinander lernen und profitieren.

Betrachtet man diese Aufzählung, so scheint hier die Unterscheidung zwischen Gruppe und Team nicht immer klar getroffen zu werden.

Einige dieser Aufgaben bzw. Anforderungen erfordern nicht unbedingt den Einsatz eines Teams – auch eine Arbeitsgruppe kann hier schon nützliche Dienste leisten.

Dass Teamarbeit nicht nur Vorteile haben kann, zeigen Beisheim/Frech[85], indem sie 5 Spannungsfelder der Teamarbeit auflisten und zusammenfassen (allerdings aus dem Blickwinkel der Teamentwicklung).
Diese sollen im Folgenden kurz wiedergegeben werden:[86]

Spannungsfeld 1: Wirkungen von Teams

Teamarbeit und –entwicklung bedürfen geeigneter Rahmenbedingungen, der Interventionen und der Stimuli. Die im Training dafür eingesetzten Methoden gehen in ihrer Wirkung sehr häufig über Teamgrenzen hinweg und beeinflussen damit nicht nur das erweiterte Führungssystem Team – Vorgesetzte/r, sondern auch die Beziehungen zu anderen Abteilungen, höhergestellten Vorgesetzten und auch Kunden. Auch eine Teamentwicklungsmaßnahme ist nie isolierte Intervention in das System „Team", sondern gestaltet die organisationalen Beziehungen und damit die Organisationskultur.

---

[85] Beisheim/Frech, „Teamarbeit und Teamentwicklung in Organisation", in: Eckardstein et.al., „Management", 1999, S. 287ff.

[86] vergl. Beisheim/Frech, „Teamarbeit und Teamentwicklung in Organisation", in: Eckardstein et.al., „Management", 1999, S. 317f.

Spannungsfeld 2: Teams und ihr Verhältnis zu Macht und Steuerung

Gerade mit der Teamidee ist eine Abgabe von Macht und Kompetenzen „nach unten" ebenso verbunden wie die Anforderung an Manager, auf Distanz zu Steuerungsvorstellungen zu gehen. Für die Führungskraft sind Teams daher nicht ohne Risiko, weil damit unter Umständen ihr Führungsverhalten und ihre Rolle in Frage gestellt werden kann, sie an Macht und Einfluß verlieren können. Wenn Vorgesetzte ihre Mitarbeiter in Teams organisieren und einsetzen, bedeutet dies auch, dass sie darauf vertrauen müssen, dass das Team Selbststeuerungskompetenzen entwickelt.

Spannungsfeld 3: Teamleistung und Normalleistung

Der Erfolgsdruck eines Teams ist (vor allem nach dem Durchlaufen einer Teamentwicklungsmaßnahme) besonders hoch. Die Teammitglieder müßten bei Erfolglosigkeit mit einer Rücknahme des Teamprojekts rechnen und würden zumindest mittel- und langfristig die gewonnenen Vorteile (Selbstorganisation, Entlohnung, Qualifizierungsmöglichkeiten und größeren Einfluß auf Entscheidungen) verlieren. Die Teamarbeit kann mit erheblichem internen Leistungsdruck und in Einzelfällen mit Selektionsentscheidungen verbunden sein. Einzelkämpfer und „Leistungsgeminderte" können sich innerhalb von Teamkonzepten unter Umständen schwerer entfalten als innerhalb hierarchisch dominierender Arbeitszusammenhänge.

Spannungsfeld 4: Teams und Entlohnung

Bei der Entlohnungsfrage entsteht ein weiteres zentrales Spannungsfeld: Es ist zu entscheiden, in welchem Verhältnis individual-orientierter Grundlohn und teamorientierte Prämie stehen sollten. Einzelleistungen von Teammitgliedern könnten dem Team „geopfert" werden. Oder aber das Team ist von seiner Leistung her heterogen, so dass die Leistungsstärkeren ihre Individualinteressen nach Berücksichtigung ihrer jeweiligen Leistung wieder in den Vordergrund stellen. Ist jedoch die Belohnungsverteilung für die Beteiligten transparent und wird „ausbeuterisches" Verhalten negativ sanktioniert, erhöhen sich die Chancen für effektive Teamarbeit. Hoch kohäsive Teams sind zwar sehr leistungsfähig, aber aufgrund ihrer Normen und Regeln auf eine stabile Zusammensetzung angewiesen. Eine Fluktuation einzelner Mitglieder könnte den Zusammenhalt und die Leistung empfindlich stören. Es müßten erneut Aushandlungsprozesse zur Rollenverteilung, zur internen „Hackordnung" und zur Bestimmung des Status jedes einzelnen Teammitglieds geführt werden. Damit entstehen wieder Konflikte, die das Team auf der Beziehungsebene zu lösen hat, es fällt in frühere Entwicklungsphasen zurück, was mit Leistungseinbußen verbunden ist.

Spannungsfeld 5: Teams und ihre Entwicklungsprozesse

Bei der Gestaltung von Teamarbeit ist besonders daran zu denken, dass es sich bei dem sozialen System „Team" um ein äußerst labiles Gefüge handelt, das auf Interventionen mitunter unvorhersehbar und eigendynamisch reagiert. In Krisensituationen und unter hohem Erfolgsdruck hat die Führungskraft möglicherweise den Impuls, in das Team „einzugreifen" (es zu steuern) und die Aktivitäten zu beschleunigen.

Jede Intervention von außen, insbesondere von Vorgesetzten, hat jedoch starken und dabei nicht unbedingt den gewünschten Einfluß auf das Gefüge und die Prozesse im Team, denn sie stellt die notwendigerweise mit der Teamidee verbundenen Kompetenzen in Frage und gefährdet diese nachhaltig. Insbesondere die für Teamarbeit zentralen vertrauensbildenden Prozesse können dabei durch Ungeduld zerstört werden.

3 Virtuelle Teams

3.1 Was heißt „virtuell"?

Der Ausdruck **„virtuell"** stammt von dem lateinischen Wort virtus (Kraft, Vermögen) und bezeichnet etwas Gedachtes, etwas Potentielles, das keine Gegenständlichkeit besitzt.

Der Duden erläutert virtuell folgendermaßen: *„virtuell: a) entsprechend seiner Anlage als Möglichkeit vorhanden, die Möglichkeit zu etw. in sich begreifend; b) nicht echt, nicht in Wirklichkeit vorhanden, aber echt erscheinend, dem Auge, den Sinnen vortäuschend."* [87]

Allerdings ist „virtuell" nicht, wie man vielleicht vermuten könnte, ein neues, modernes Wort, bereits im Universal-Lexikon von 1746 wird dieser Begriff definiert:

„Virtualiter, der Krafft nach, durch eine richtige Folge, ist ein metaphysisches Kunstwort, und wird in der Metaphysik der Scholastiker dem Worte formaliter entgegengesetzt. Es hat die Bedeutung, dass etwas von dem andern in Ansehung der Existenz und des Wesens nicht würcklich, sondern nur der Krafft nach gesaget wird, z.B. der König ist allenthalben seines Landes, nicht formaliter, als wäre er wirklich an allen Orten, sondern virtualiter, weil er überall seine Bedienten hat, die statt seiner da sind." [88]

---

[87] Scholze-Stubenrecht, W. (Red. Bearb.), „Duden, Fremdwörterbuch", 1997, S. 848.

[88] Grosses vollständiges Universal-Lexikon aller Wissenschaften und Künste, 48. Band, verlegt von Johann Heinrich Zedler, 1746.

In dieser Definition wird der Begriff virtualiter dem Begriff formaliter gegenübergestellt.

„Der Begriff virtuell beschreibt somit ein Paradoxon: existent und doch nicht wirklich, eine begriffliche Fassung, die darauf verweist, dass virtuelle Welten tiefe Auswirkungen auf unser Realitätsverständnis und –bewußtsein haben.“ [89]

In der Informatik ist der Begriff virtuell bereits seit längerem im Gebrauch, so spricht man bei Computern von virtuellen Laufwerken, virtuellen Speichern und virtuellen Netzen. In der Computerterminologie *„... stellt das Virtuelle das Gegenteil des Physikalischen dar. So ist beispielsweise ein virtuelles Laufwerk nicht physikalisch existent, sondern wird nur vom Computer über den Hauptspeicher simuliert.“* [90]

Nach den aufgeführten Definitionen bzw. in dieser Verwendung hat virtuell die Bedeutung von „nicht real", sondern nur „scheinbar existent".

Dies ist ein möglicher Ansatz, was virtuell im Zusammenhang mit Teams heißen kann: Virtuelle Teams sind demnach keine „reellen" Teams, da in diesen Teams häufig die sozialen Beziehungen fehlen (können). Und ohne soziale Beziehungen wird aus einer Gruppe auch kein Team. Die entscheidende Frage ist hier allerdings, ob in virtuellen Teams tatsächlich keine sozialen Beziehungen entstehen können. Mehr dazu später in dieser Arbeit.

---

[89] Bühl, A., „Die virtuelle Gesellschaft: Ökonomie, Politik und Kultur im Zeichen des Cyberspace", 1997, S. 76.

[90] Hennin, A., „Die andere Wirklichkeit. Virtual Reality – Konzepte, Standards, Lösungen", 1997, S. 13.

Virtuell bezieht sich aber auch auf die **räumliche Trennung der Team-mitglieder** und die Art der Kommunikation und Beziehungspflege, die durch diese besondere Art der Zusammenarbeit notwendig bzw. entstanden ist.

„Die neueste Bedeutung des Wortes ‚virtuell‘ bezieht sich auf Kräfte, welche die Teams schnell in einen vollkommen anderen Daseinsbereich verschieben: in die virtuelle Realität, oder genauer ausgedrückt, in die digitale Realität. Gemeinsam mit Computern ermöglichen die elektronischen Medien die Schaffung von Räumen, die zwar real sind für die Gruppen, die sie ‚bewohnen‘, die aber nicht identisch sind mit physischen Räumen." [91]

„Virtuell" bedeutet in diesem Zusammenhang also nicht, dass diese Teams nur „scheinbar" existieren, sondern dass sie auf einer anderen Dimension als bisher agieren.

Virtualität bezieht sich vor allem auf folgende **drei Dimensionen:**

- **Raum:**

  Durch moderne Technik ist es Organisationen möglich, unabhängig vom geographischen Ort auf ökonomisch sinnvolle Weise Mitarbeiter zu beschäftigen, Projekte durchzuführen und allgemeine Geschäftsabläufe zu tätigen. Für virtuelle Teams bedeutet dies, dass ihre Mitglieder räumlich getrennt sind.

---

[91] Lipnack/Stamps, „Virtuelle Teams – Projekte ohne Grenzen", 1998, S. 30.

- **Zeit:**

  Durch die räumliche Trennung (Teammitglieder können auf verschiedenen Kontinenten arbeiten) müssen auch zeitliche Grenzen
  überwunden werden.

- **Struktur:**

  Hier sind innerbetriebliche Strukturen gemeint, die durch virtuelle
  Teams leichter überbrückt werden können. Aber auch Organisati-
  onsgrenzen werden durch virtuelle Teams überschritten – viele
  Beispiele der jüngeren Vergangenheit zeigen, dass gerade solche
  organisationsübergreifenden Aufgaben sehr gut von dieser Art
  Teams erfüllt werden können.

3.2 Arten virtueller Teams

Nachdem im vorigen Kapitel der Begriff des „Virtuellen" behandelt wurde, nun zu virtuellen Teams – was also sind nun virtuelle Teams?

„Ein virtuelles Team ist – wie jedes andere Team – eine Gruppe von Menschen, die mittels voneinander abhängiger – interdependenter – Aufgaben, die durch einen gemeinsamen Zweck verbunden sind, inter-agieren. Im Gegensatz zum konventionellen Team arbeitet ein virtuelles Team über Raum-, Zeit- und Organisationsgrenzen hinweg und benutzt dazu Verbindungsnetze, die durch Kommunikationstechnologien ermög-licht werden." [92]

Der Begriff virtuell ist also deshalb Bestandteil der Bezeichnung „Virtu-elle Teams", weil diese Teams dazu im Stande sind, auf allen drei Di-mensionen von Virtualität zu arbeiten bzw. diese zu überbrücken.

Versucht man, den Begriff des virtuellen Teams über den herkömmlichen Teambegriff zu erklären bzw. daraus herzuleiten, so scheint es sinnvoll, noch einmal die in dieser Arbeit verwendete Definition von Forster[93] ge-nauer zu betrachten um zu überprüfen, ob die einzelnen Bestandteile dieser Teamdefinition auch auf virtuelle Teams zutreffen und die Be-zeichnung „Team" deshalb gerechtfertigt ist.

---

[92] Lipnack/Stamps, „Virtuelle Teams – Projekte ohne Grenzen", 1997, S. 31.
[93] Forster, J., "Teams und Teamarbeit in der Unternehmung", 1978, S. 17.

Dazu hier noch einmal die einzelnen Punkte, die laut Forsters Definition ein Team ausmachen:

- kleine, funktionsgegliederte Arbeitsgruppe
- gemeinsame Zielsetzung, Normen und Werte
- relativ intensive, wechselseitige Beziehungen
- ausgeprägter Gemeinschaftsgeist
- relativ starker Gruppenzusammenhalt
- spezifische Arbeitsform.

Sind virtuelle Teams also Teams im herkömmlichen Sinn, entsprechend dieser Definition?

Eigentlich ist diese Frage mit Nein zu beantworten, denn obwohl virtuelle Teams gemeinsame Zielsetzung aufweisen, ohne Zweifel eine spezifische Arbeitsform darstellen und bei entsprechender struktureller Führung (mehr dazu später) auch Gemeinschaftsgeist und Gruppenzusammenhalt vorhanden sind, so fehlt es doch (wie bereits erwähnt) an einem wesentlichen Punkt: den intensiven, wechselseitigen persönlichen (face-to-face) Beziehungen.

Darf bzw. sollte man deshalb also nicht von virtuellen Teams sprechen? Zwei Argumente seien hiergegen anzuführen:

- Der Begriff des virtuellen Teams ist im wirtschaftlichen Wortschatz bereits verwurzelt. Selbst wenn er also, im rein wissenschaftlichen

Sinn, nicht gerechtfertigt ist, da die regelmäßigen face-to-face Beziehungen fehlen, so wird der Begriff aufgrund seiner weiten Verbreitung und allgemeinen Akzeptanz auch in dieser Arbeit weiter verwendet.

- Die Definition von Forster stammt aus dem Jahr 1978. Damals gab es noch nicht die Möglichkeiten der globalen Kommunikation, wie sie heute gegeben sind. Es bleibt hier zu überlegen, ob die Art der Kommunikation in virtuellen Teams diese nicht doch als Teams qualifizieren. Außerdem besteht durchaus auch die Möglichkeit, dass in virtuellen Teams persönliche, soziale Beziehungen aufgebaut werden. Es fehlt zwar der regelmäßige face-to-face Kontakt, doch eben die erwähnten neuen Kommunikationsmedien scheinen zumindest die Möglichkeit zu bieten, auch ohne persönliche Kontakte Beziehungen zu pflegen. Mehr dazu allerdings im nächsten Kapitel.

„... der wesentliche Unterschied zwischen Teams und virtuellen Teams [liegt] in der grenzüberschreitenden Natur ihrer Interaktionen. Es ist die tägliche Realität des Kommunizierens, Interagierens und des Bildens von Beziehungen über Raum, Zeit und Organisationsgrenzen hinweg, die ein Team zu einem virtuellen Team macht." [94]

Die Mitglieder virtueller Teams müssen also sehr wohl kommunizieren, interagieren und untereinander Beziehungen aufbauen, denn ohne diese

---

[94] Lipnack/Stamps, „Virtuelle Teams – Projekte ohne Grenzen", 1997, S. 68.

drei Punkte ist ein Team nicht existent, einzig die Art und Weise, wie dies in virtuellen Teams geschieht, ist eine andere.

Bevor näher auf diese Unterschiede, diese „grenzüberschreitende Natur der Interaktionen" eingegangen wird soll hier kurz erläutert werden, in welche „**Arten**" sich virtuelle Teams einteilen lassen.

Grundsätzlich lassen sich **zwei Arten virtueller Teams** unterscheiden – wenn man davon ausgeht (und das ist in dieser Arbeit der Fall), dass die Mitglieder virtueller Teams auf jeden Fall über gewisse Zeiträume hinweg räumlich getrennt voneinander (zusammen)arbeiten:

- **Virtuelle Teams innerhalb der selben Organisation**
- **Organisationsübergreifende virtuelle Teams**

J. Lipnack und J. Stamps[95] verwenden hingegen die drei bereits erwähnten Dimensionen Raum, Zeit und Organisation, um eine Matrix zu bilden, die im folgenden dargestellt wird und **vier Arten von Teams** zeigt:

---

[95] Lipnack/Stamps, „Virtuelle Teams – Projekte ohne Grenzen", 1997, S. 69.

	Organisation	
Raumzeit	*Dieselbe*	*Andere*
Dieselbe	Seite an Seite	Seite an Seite organisationsüber- greifend
Andere	Verteiltes Team	Verteilt organisationsüber- greifend

Abbildung 9: Teamarten
Quelle: Lipnack/Stamps, 1997, S. 69

Das „Seite an Seite" Team stellt die klassische Form des Teams dar – in der gleichen Organisation, am gleichen Ort.

An dieser Stelle der Arbeit scheint es passend, sich näher mit der Frage zu befassen, was genau „am gleichen Ort" eigentlich bedeutet.

Ist dies in einem Raum, in einem Gebäude oder in einer Stadt? Wie nahe ist eigentlich nahe (genug), um tatsächlich diese „intensiven wechselseitigen Beziehungen" auf persönlicher Ebene aufzubauen, die so wichtig für die Teambildung zu sein scheinen?

*„Aus dem Blickwinkel des Teams betrachtet, sind die persönlichen Ent-
fernungen die wichtigen. Welchen Abstand Menschen für ihre zwischenmenschlichen Interaktionen brauchen, ist von Kultur zu Kultur verschieden."* [96]

Je weiter Menschen physisch voneinander entfernt sind, desto mehr
Zeitzonen müssen sie überwinden, um zusammenzuarbeiten. Zum
Problem wird die Zeit in dem Augenblick, in dem Menschen, die sich
nicht am selben Ort befinden, ihre Aktivitäten für eine bestimmte Aufgabe zeitlich synchronisieren müssen.

MIT-Professor Tom Allen[97] hat analysiert, wie nahe man beisammen
sein muss, um Vorteile daraus zu ziehen, dass man sich am selben Ort
befindet und die dabei erhaltenen Daten in nachfolgender Graphik (siehe
nächste Seite) verarbeitet:

---

[96] Lipnack/Stamps, „Virtuelle Teams – Projekte ohne Grenzen", 1997, S. 32.

[97] vergl. Allen, T.J., „Managing the Flow of Technology: Technology Transfer and the Dis-
semination of Technological Information within the R&D Organization", 1997, S. 47; zitiert in:
Lipnack/Stamps, „Virtuelle Teams – Projekte ohne Grenzen", 1997,

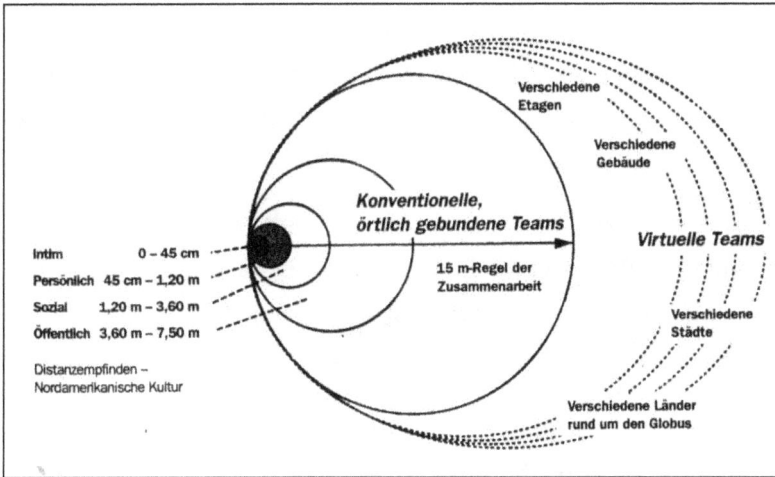

Abbildung 10: Anordnung nach virtueller Distanz
Quelle: Lipnack/Stamps, 1997, S. 33

Nach dieser Graphik und den Ergebnissen von Dr. Allen ist also jedes Team, bei dem die einzelnen Mitglieder einen Abstand von mehr als fünfzehn Metern zu überwinden haben, ein virtuelles Team. Er unterscheidet dann weiter nach „verschiedenen Etagen, verschiedenen Gebäuden, verschiedenen Städten und verschiedenen Ländern rund um den Globus."

Diese Abgrenzung ist mit etwas Abstand zu betrachten, denn diese fünfzehn-Meter-Grenze scheint doch etwas knapp gegriffen. Beruft man sich nämlich tatsächlich auf diese Definition, so würde die Anzahl der tatsächlich existenten virtuellen Teams, die bisher einfach nur nicht diesen Namen trugen, rapide ansteigen.

Und dann würde auch, zumindest bei diesen „verschiedene-Etagen-Teams" die regelmäßige persönliche Interaktion sehr wohl im herkömmlichen Sinn möglich sein und stattfinden – und das entspricht nicht der verwendeten Definition virtueller Teams.

So interessant diese Studie und ihre „15-Meter-Regel" auch klingen mag, in dieser Arbeit wird die Entfernung, die Distanz und somit räumliche Trennung erzeugt, doch etwas weiter angenommen.

Als Parameter zur Abgrenzung „Team/virtuelles Team" kann hier die **Häufigkeit der persönlichen Kontakte** (bei Vorhandensein aller anderen Bestandteile der Team-Definition) verwendet werden: Wenige bzw. keine persönlichen Kontakte – virtuelles Team; häufige persönliche Kontakte aller Teammitglieder – kein virtuelles Team im herkömmlichen Sinn.

Über die Art, in der Kommunikation, Interaktion und Beziehungsbildung in virtuellen Teams erfolgt / erfolgen kann / erfolgen sollte, soll das nächste Kapitel Auskunft geben.

3.3 Kommunikation in virtuellen Teams

„Das Überschreiten der Grenzen von Raum, Zeit und Organisation macht die ohnehin bereits komplexe Kommunikation noch komplizierter. Der bereits in sich unübersichtliche Prozess, der darin besteht, in den frühen Stadien des Teamlebens einen kohärenten, produktiven und dauerhaften Zweck zu formulieren, ist bei einem virtuellen Team noch unübersichtlicher und erfordert häufige und regelmäßige Kommunikation."[98]

3.3.1 Grundsätzliches zur Kommunikation

In vielen Punkten unterscheidet sich die Kommunikation in virtuellen Teams von der herkömmlicher Teams, doch in einigen Punkten sind sich beide Teamformen ähnlich. Deshalb soll hier ein grober Überblick über „herkömmliche Kommunikation" erfolgen, bevor im nächsten Punkt auf die spezifischen Kommunikationsformen und –probleme in virtuellen Teams eingegangen wird.

Wenn man von **Kommunikation** spricht, so sind grundsätzlich **zwei verschiedene Aspekte** zu unterscheiden:

- Ein nachrichtentechnischer und

- ein verhaltenswissenschaftlicher Aspekt.

---

[98] Lipnack/Stamps, „Virtuelle Teams – Projekte ohne Grenzen", 1997, S. 97/98.

In folgender Abbildung wird das Grundmodell eines klassischen Kommunikationsprozesses dargestellt:

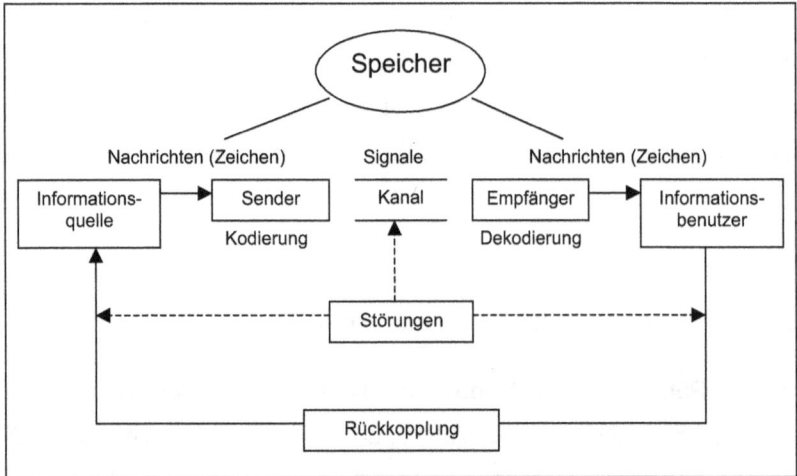

Abbildung 11: Der Kommunikationsprozeß
Quelle: Wolfgang H. Staehle, 1999, S. 300

Dieses Modell versucht darzustellen, wie Informationen oder Nachrichten übermittelt werden. Der **Sender** der Information kodiert diese und übermittelt sie mittels eines bestimmten Kanals an den **Empfänger**, welcher sie wieder dekodiert.

Das Grundproblem der Kommunikation ist hierbei, dass es im Zuge des gesamten Kommunikationsprozesses zu Störungen kommen kann. Häufig dekodiert der Empfänger die Nachricht anders, als sie vom Sender kodiert wurde – Mißverständnisse sind die Folge. Auch im Zuge der Übermittlung durch Signale (Signale sind physikalisch wahrnehmbare Tatbestände, die zur Übertragung und Speicherung von Nachrichten dienen) können Teile der Nachricht verfälscht werden oder verloren gehen.

Unter Information ist hier im betriebswirtschaftlichen Sinn „... zweckorientiertes Wissen, also Wissen, das zur Erreichung eines Zweckes, nämlich einer möglichst vollkommenen Disposition eingesetzt wird" [99] zu verstehen.

Dieses Wissen erhält der bislang Nichtwissende durch den Empfang einer Nachricht. Eine Nachricht wird also erst dann für den Manager zu einer Information, wenn er sie für seinen Entscheidungsprozess benötigt.

Vom **nachrichtentechnischen Aspekt** aus betrachtet, besteht die Aufgabe der Informations- und Kommunikationstheorie darin, die Probleme der Information und Informationsübermittlung quantitativ zu erfassen und strukturell darzustellen. [100]

Im Gegensatz dazu versteht man unter **sozialer Kommunikation** den zwischenmenschlichen Austausch von Mitteilungen, Gedanken und Ge-

---

[99] Wittmann, W., „Unternehmung und unvollkommene Information", 1959, S. 14; zitiert in: Staehle, W.H., „Management", 1999.

[100] vergl. Staehle, W.H., „Management", 1999, S. 300.

fühlen (auch nichtverbaler Art), sowie die Fähigkeit von Menschen, in Gruppen soziale Beziehungen zu unterhalten.

„Diese Fähigkeit wird auch als soziale oder kommunikative Kompetenz bezeichnet, die für die Arbeit in Gruppen (Teams) eine zwingend notwendige Voraussetzung darstellt".[101]

Besonders der **nichtverbalen Kommunikation** kommt hier große Bedeutung zu. Der Mensch verfügt nämlich neben der stets dominierenden Sprache über eine Vielzahl weniger entwickelter (trainierter) Ausdrucksformen, wie Mimik, Gestik, Körperhaltung (Körpersprache), Kleidung, Blickkontakt, usw. In den letzten zwanzig Jahren hat diese Form der Kommunikation immer mehr an Bedeutung gewonnen. Es gibt jetzt sogar eine eigene Wissenschaft von der nichtverbalen Kommunikation, die sogenannte „Kinesik".

In vielen Trainings und Seminaren wird auf diesen Bestandteil der Kommunikation hingewiesen und diesbezügliche Sensibilisierung betrieben.

Soll Kommunikation erfolgreich stattfinden, so hat sie eine Vielzahl von **Barrieren** zu überwinden. Diese Barrieren können struktureller und/oder persönlicher Art sein. Im folgenden einige Beispiele von Ursachen für Kommunikationsprobleme:[102]

- hierarchisches Kommunikationssystem (Statusunterschiede)
- hohe Arbeitsteilung/Spezialisierung

---

[101] Staehle, W.H., „Management", 1999, S. 301.

[102] vergl. Staehle, W.H., „Management", 1999, S. 306.

- Zielkonflikte

- vorgefaßte Meinungen

- dissonante Informationen

- semantische Unterschiede (z.B. Fachterminologie)

- fehlende Motivation, Interesselosigkeit

- Unzuverlässigkeit der Informationsquelle

- mangelnde Kommunikationsfähigkeit

- schlechtes Organisationsklima (z.B. Mißtrauen)

- Vielzahl von Zwischenstationen

Sind solche Barrieren vorhanden, so können dadurch Informationen ausgelassen (Filtern, Selektieren) oder verändert (Übertreibung, Unterbewertung) werden oder Gerüchte in informale Kanäle geleitet werden.

Als einfache, aber wirksame Abhilfe empfiehlt sich laut Staehle „... *hier die Aufforderung an den Empfänger, den Kommunikationsinhalt zu bestätigen und/oder an den Sender, die Nachricht auf demselben oder – besser noch – einem anderen Kanal zu wiederholen (feedback)."* [103]

---

[103] Staehle, W.H., „Management", 1999, S. 306.

Folgende Variablen sind für den **Erfolg von Kommunikationsprozessen** ausschlaggebend:[104]

- Kommunikationsfähigkeiten (Sprechen, Schreiben, Lesen, Hören, Wahrnehmen)

- Deutlichkeit des semantischen Bezugrahmens (Sinn, welcher der Nachricht beigelegt wird)

- Anerkennung von Bedürfnissen beim Empfänger (Wertschätzung des Kommunikationspartners)

- Vergleichbare Persönlichkeitsvariablen zwischen Sender und Empfänger (Einstellungen, Vorurteile, Gefühle)

- Vergleichbare Position und Status zwischen Sender und Empfänger

- Vergleichbare Annahmen zwischen Sender und Empfänger über den Kommunikationspartner

- Art der zwischenmenschlichen Beziehungen zwischen Sender und Empfänger (z.B. Angst, Vertrauen)

---

[104] vergl. Carlisle, H.M., „Management: Concepts and situations", 1976, S. 526 ff; zitiert in: Staehle, W.H., „Management", 1999.

Als Ansatzpunkte zur **Verbesserung der Kommunikation** werden in der Literatur diskutiert:[105]

- Verbesserung der Kommunikationsfähigkeiten

- Anpassung der Kommunikation (Wissen, Terminologie) an das Niveau des Empfängers (z.B. empfängerorientierte Formulierungen)

- Schaffen eines angstfreien Klimas (Erleichterung offener, konfliktfreier Kommunikation)

- Erhöhung der Objektivität der Kommunikation (Benutzung von Primärquellen, Einschaltung eines neutralen Dritten, Vorinformation mit Bitte um Kommentierung)

- Wiederholung der Information

- Gelegenheit für Rückmeldungen und Rückfragen

- Berücksichtigung informeller Informationen

- Benutzerfreundliche Informationssysteme (Informationsüberladung vermeiden)

- Unterstützung des Kommunikationssystems durch ein entsprechendes Organisations- und Führungssystem.

---

[105] vergl. Staehle, W.H., „Management", 1999, S. 308

3.3.2 Virtuelle Kommunikation

„Wer das Schreiben von Briefen übt, sollte sich bemühen, selbst einzeilige Briefe mit höchster Sorgfalt zu formulieren. Einen Brief sollte man immer so abfassen, als ob der Empfänger ihn später als Plakat an die Wand hängen würde." [106]

Diese Aufforderung bzw. dieser Ratschlag wurde von dem japanischen Samurai Yamamoto Tsunetomo ungefähr im Jahre 1710 formuliert. So alt diese Empfehlung auch sein mag, so aktuell ist sie auch, gerade für die Kommunikation in virtuellen Teams.

Wie im vorigen Kapitel erläutert wurde, kommt in Teams vor allem der nonverbalen Kommunikation eine nicht unerhebliche Bedeutung zu. Das größte Problem, vor dem die Mitglieder virtueller Teams im Hinblick auf die Kommunikation untereinander stehen ist, dass gerade diese nonverbale Kommunikation in den meisten „ihrer" Kommunikationsprozesse wegfällt.

Ob nun Brief, Fax, oder diverse Arten der Computer-vermittelten Kommunikation wie zum Beispiel via Electronic Mail (E-Mail), nonverbale Anteile können hier so gut wie gar nicht vermittelt werden. Ausnahmen sind zum Teil Videokonferenzen oder online-Direktübertragungen, doch auch hier werden nur kleine Ausschnitte der breiten nonverbalen Palette vermittelt, und auch diese nur „verstümmelt".

---

[106] Tsunetomo, Y., „Hagakure – Der Weg des Samurai", 1999.

Und auch die diversen Versuche, E-Mail-Nachrichten durch sogenannte „Emoticons" (Kunstwort, bestehend aus Emotion und Icons) zu emotionalisieren und ihnen so ein wenig nonverbalen Charakter zu verleihen, können zwar in manchen Fällen durchaus hilfreich sein, doch einen wirklichen Ersatz stellen sie auch nicht dar.

In nachfolgender Abbildung einige Beispiele, wie derartige Emoticons aussehen können:

:-)	Lächeln, Spaß, fröhlich
:-)=)	ganz breites Grinsen
:-D	Lachen, Auslachen
:-#	zensiert
;-)	„das ist nicht ernst gemeint", Augenzwinkern
:-o	staunen, „das ist ja kaum zu glauben"
8-o	Entsetzen, „um Gottes Willen"

Abbildung 12: Beispiele für „Emoticons"
Quelle: nach Doris Nagl, 1997, S. 44

Und gerade weil bei der Kommunikation zwischen den Mitgliedern virtueller Teams in den meisten Fällen nonverbale Kommunikation fehlt, hat die Anfangs zitierte Aussage für virtuelle Teams enorm aktuellen Charakter. Ein Fax oder Brief kann leicht abgelegt und über Jahre hinweg aufgehoben werden, und auch eine (vielleicht) mißverstandene E-Mail-Nachricht kann ohne Probleme gespeichert und immer wieder gelesen werden.

So führt sie unter Umständen nicht nur einmal zu Mißverständnissen und Unstimmigkeiten, durch die Möglichkeit, die Nachrichten zu speichern und nach Wunsch immer wieder abrufen zu können, kann eine derartige Nachricht noch nach Monaten für „schlechte Stimmung" sorgen.

Hier empfiehlt es sich in virtuellen Teams, den Ratschlag von Staehle, der bereits in dieser Arbeit zitiert wurde (siehe oben), zu befolgen:

„... hier die Aufforderung an den Empfänger, den Kommunikationsinhalt zu bestätigen und/oder an den Sender, die Nachricht auf demselben oder – besser noch – einem anderen Kanal zu wiederholen (feedback)."
[107]

In der Praxis virtueller Teams scheint es tatsächlich hilfreich zu sein, Nachrichten über mehrere Kanäle zu senden bzw. zu wiederholen/bestätigen. Dies kann helfen, Mißverständnissen vorzubeugen.

Im nächsten Schritt erfolgt ein kurzer Überblick über die diversen Medien, die virtuellen Teams für ihre Kommunikationsprozesse zur Verfügung stehen.

Anschließend wird ein genauerer Blick auf einen wichtigen Bereich der Kommunikation in virtuellen Teams, die Computer-vermittelte Kommunikation, geworfen.

---

[107] Staehle, W.H., „Management", 1999, S. 306.

3.3.3 Kommunikationsmedien – Ein Überblick

„Wenn ich mir ein optimales virtuelles Team vorstelle, denke ich an ein Team von Menschen, denen der Umgang miteinander ebenso angenehm und vertraut ist wie der Umgang mit einer breiten Palette von Kommunikations- und Computertechnologie. Wenn sie einander auf virtuellem Weg ‚treffen', nutzen sie ihr ganzes technisches Know-how, um ihre Arbeit voranzubringen; und wenn sie sich persönlich treffen, nutzen sie dieselbe Technologie, um ihr Wissen und ihr Verständnis zu erweitern, zu organisieren und zu verfeinern. Ihre emotionale Bandbreite ist so groß wie die ihrer Kommunikation, so dass sie einander unabhängig davon, wo und wie sie zusammentreffen, mit Humor, Verständnis und Respekt begegnen können." [108]

Die Kommunikation in virtuellen Teams aller Größen wird durch ein grundlegende Unterscheidungsmerkmal zwischen Medien bestimmt, nämlich ob es sich um ein **Einweg- oder ein Zweiwegmedium** handelt.

„Einwegmedien kommunizieren Aktionen. Zweiwegmedien ermöglichen Interaktionen". [109]

---

[108] DeKoven, B., „Connected Executives: A Strategic Communications Plan", 1990; zitiert in: Lipnack/Stamps, "Virtuelle Teams – Projekte ohne Grenzen", 1997.

[109] Lipnack/Stamps, „Virtuelle Teams – Projekte ohne Grenzen", 1997, S. 118.

Da virtuelle Teams Produkte herstellen, über Entfernungen hinweg miteinander interagieren und Zeitunterschiede überwinden müssen, ist dieser Unterschied entscheidend. Einwegmedien eignen sich für die Bereitstellung von Produkten, aber sie ermöglichen nicht die Interaktion, die die Menschen aufbringen müssen, wenn sie in virtuellen Teams arbeiten wollen.

Betrachtet man nun das vorige Zitat bzw. diese Unterteilung, so stellt sich (ein weiteres Mal) die Frage, wie weit über derartige Zweiwegmedien Interaktionen tatsächlich möglich sind.

Unter Interaktionen versteht man, um diesen Punkt noch einmal zu wiederholen, „... *zweckgerichtete soziale Beziehungen zwischen mindestens zwei Interaktionspartnern.*" [110]

Interaktion stellt eine Form der Kommunikation dar – sie wird als erfolgreich zustande gekommene verbale und nichtverbale Kommunikation verstanden.

Kann über diese Zweiwegmedien in virtuellen Teams also tatsächlich Interaktion – als verbale und nichtverbale Kommunikation – zustande kommen? Ist dies durch die Medien, die im Moment zur Verfügung stehen, tatsächlich möglich – kann vor allem „sozial kommuniziert" werden?

Um diese Frage beantworten zu können, sollen zunächst einmal die verschiedenen Medien, die im Moment zur Kommunikation genutzt werden können, näher beleuchtet werden.

In der nachfolgenden Abbildung daher einer Auflistung der verschiedenen Medien.

	Mündlich	Schriftlich	Druck	Analog elektronisch	Digital elektronisch
Einweg Aktiv 1:M	Rede Konferenz Briefing	Schreibtafel Proklamation Manuskript	Buch Film Zeitung Magazin	Fernsehen Radio Video Audiokassette	*Online-Übertragung* Internet-Video Internet-Radio Online-Publikationen Digitale Verpackung (Diskette, CD)
1:F	Workshop	Graffiti	Newsletter Memo	Kopie Fax	E-Mail-Liste
Zweiweg Interaktiv 1:1	Dialog	Brief	Grußkarte	Telefon Mobiltelefon Amateurradio	E-Mail Datei-übertragung Internet-Telefon-Chat
F:F	FTF-Meeting	Flipchart		Voice-Mail Audiokonferenz Videokonferenz	Online-Meeting Online-Konferenz Intranet
M:M	Gesellschaftliche Veranstaltung				WWW Internet

Abbildung 13: Palette der Kommunikationsmedien
Quelle: Lipnack/Stamps, 1997, S. 120

Eine weitere Differenzierung, die in dieser Tabelle vorgenommen wurde,
ist die hinsichtlich des Verhältnisses zwischen der Anzahl der Sender
und der Anzahl der Empfänger.

---

[110] Staehle, W.H., „Management", 1999, S. 308.

Im einzelnen bedeuten die verwendeten Abkürzung in der linken Spalte folgendes:

- 1:M = Eins-zu-viele (one-to-many)
- 1:F = Eins-zu-wenige (one-to-few)
- 1:1 = Eins-zu-eins (one-to-one)
- F:F = Wenige-zu-wenige (few-to-few)
- M:M = Viele-zu-viele (many-to-many)

Versucht man nun, die zuvor gestellte Frage nach der Möglichkeit von Interaktionen über Zweiwegmedien zu beantworten, so scheint dies nicht allzu einfach zu sein.

Die „mündlichen" Zweiwegmedien scheinen durchaus geeignete Instrumente für Interaktionen zu sein, bei allen anderen Vertretern dieser Kommunikationsform ist dies allerdings fraglich.

Dies ist auf jeden Fall eine Frage, die von nicht geringer Bedeutung scheint – steht ihre Beantwortung doch in engem Zusammenhang mit der Möglichkeit, wie weit in virtuellen Teams Beziehungen aufgebaut und gepflegt werden können.

Eine zufriedenstellendere Antwort kann unter Umständen der empirische Teil dieser Arbeit liefern.

Die breite Zahl an Kommunikationsmedien ermöglicht es virtuellen Teams jedenfalls, auf sehr viel verschiedenen Ebenen zu kommunizieren. In der Praxis hat sich allerdings gezeigt, dass der Einsatz zu vieler

Medien nicht unbedingt vorteilhaft sein muss, sondern unter Umständen für unnötige Verwirrung sorgt.

Viele Unternehmen, die virtuelle Teams einsetzen, halten daher die Ausarbeitung eines sogenannten **„Medienplans"** für sinnvoll, der die Art der Medien und die Häufigkeit bzw. Frequenz ihres Einsatzes enthält.

Folgende Abbildung zeigt am Beispiel der Firma „Tetra Pak", wie ein solcher Medienplan aussehen kann.

Medium	Typ	Interaktion	Frequenz
Großes Meeting		→	Monatlich
Firmeninternes Magazin		→	Wöchentlich
Vertikale Verbreitung		⇄	Wöchentlich oder alle zwei Wochen
Newsgroups		⇄	Ständig
Versammlungen		⇄	Monatlich
Literatur		→	Nach Bedarf
Einzelgespräche		⇄	Variabel

Legende:

.....	Schriftliche Kommunikation (Magazin)
.....	Mündliche Kommunikation via Telefon
.....	Schriftliche Kommunikation via Computer
.....	Mündliche face-to-face Kommunikation
.....	Literaturrecherche („lesen")

Abbildung 14: Medienplan von Tetra Pak
Quelle: Lipnack/Stamps, 1997, S. 143

Wichtig ist beim Medienplan, dass es mindestens ein Medium gibt, über das ständig kommuniziert wird. Ist dies nicht der Fall, so verlieren die Mitglieder den Kontakt zueinander, und gerade dieser Kontakt ist für die Überlebensfähigkeit virtueller Teams besonders wichtig.

Hier kommt dem **Führer** solcher Teams eine entscheidende Rolle zu. Anders als in herkömmlichen Teams, in denen der Teamführer sehr oft über hohe fachliche Kompetenz verfügen muss bzw. sogar aufgabenspezifisch wechseln kann, muss der Leader eines virtuellen Teams seine Hauptaufgabe im Schaffen und vor allem erhalten von Strukturen (und hier vor allem Kommunikationsstrukturen) für sein Team sehen. [111]

Im Kapitel über den Prozess der Bildung eines virtuellen Teams wird näher auf die Rolle des Teamführers eingegangen, doch bereits hier sei erwähnt, dass diese „organisatorische" Führung der Bewältigung der vielleicht wichtigsten Aufgabe dient – dem Schaffen und Erhalten von Vertrauen der einzelnen Mitglieder in das Team, sein Ziel, seine Vision und die einzelnen Mitglieder, und natürlich auch in den Teamleader.[112]

Doch zuvor folgt noch, in aller Kürze, ein Vergleich zwischen face-to-face Kommunikation und der Computer-vermittelten Kommunikation, beides im Rahmen von Gruppenarbeit.

---

[111] vergl. Kostner, J., „Virtual Leadership. Secrets from the round table for the multi-site manager", 1994, S. 167.

[112] vergl. Kostner, J., „Virtual leadership – Secrets from the round table for the multi-site manager", 1994, S. 167 ff.

3.3.4 Computer-vermittelte vs. face-to-face Kommunikation

Wie im Kapitel über die verschiedenen Kommunikationsmedien zu sehen war spielen aufgrund des heutigen Standes der Technik neben weiterhin üblichen Medien wie Brief, Fax oder Telefon vor allem die sogenannten „Digital elektronischen" Medien für die Kommunikation in virtuellen Teams eine große Rolle.

Dieses Kapitel beschäftigt sich daher mit der Frage, wie Kommunikation über derartige Medien Teamarbeit beeinflussen kann.

In seiner Dissertation über „Gruppenarbeit via Computer"[113] beschäftigt sich Jan Pelz mit der Frage, welche Folgen die Nutzung einer Computerkonferenz für die Qualität der Aufgabenbewältigung in Gruppen aus einer sozialpsychologischen Perspektive haben.

Hier folgt nun ein Überblick über die Ergebnisse seiner Untersuchung.

Zuerst zur Unterscheidung von Computer-vermittelter Kommunikation und face-to-face Kommunikation.

---

[113] Pelz, J., „Gruppenarbeit via Computer: sozialpsychologische Aspekte eines Vergleichs zwischen direkter Kommunikation und Computerkonferenz", 1995.

Computer-vermittelte Kommunikation unterscheidet sich von der face-to-face Kommunikation

- durch das vollständige Fehlen nonverbaler Kommunikationsteile,

- die Reduktion der Kommunikation auf den Austausch schriftlicher Nachrichten,

- durch die mehr oder minder ausgeprägte fehlende Synchronisation der einzelnen Kommunikationsakte und

- durch die systembedingte Speicherung der Kommunikationsinhalte.[114]

Um die ohnehin schon knapp gehaltene Zusammenfassung der Ergebnisse dieser Arbeit nicht zu verfälschen, wird diese hier eins zu eins wiedergegeben.

„Bei Computer-vermittelter Kommunikation können nur noch schriftliche Nachrichten übermittelt werden, alle Inhalte müssen in Schriftsprache übersetzt und über ein asynchrones Kommunikationsmedium übertragen werden. Vielfältige Folgen für die soziale Wahrnehmung und das gegenseitige Verstehen wurden daher erwartet. Empirisch konnten in der Haupt- bzw. Voruntersuchung die folgenden Unterschiede, aber auch Gemeinsamkeiten zwischen der Computerkonferenz und der direkten Gruppenarbeit nachgewiesen werden:

- *Bei einer Computerkonferenz ist das situationsbezogene aktororientierte Wissen (bezogen auf die Wahrnehmungsdimensionen*

---

114 vergl. Pelz, J., „Gruppenarbeit via Computer: sozialpsychologische Aspekte eines Vergleichs zwischen direkter Kommunikation und Computerkonferenz", 1994, S. 333/334.

*,Macht/Einfluß', ,Sympathie' und ,Interesse an der Gruppenarbeit')
genauso umfangreich wie bei direkter Gruppenarbeit. Obwohl eine
Computerkonferenz sich durch das Fehlen nonverbaler Kommunikationsanteile auszeichnet und diesen Anteilen in der direkten
Kommunikation bei der Entwicklung des aktorbezogenen (auf die
teilnehmenden Aktoren bezogenes Wissen – Anm. d. Verf.) Wissens eine maßgebliche Bedeutung zukommt, konnten weder in
der Vor- noch in der Hauptuntersuchung Unterschiede aufgedeckt
werden.*

- *Dieses gilt auch für die Hypothese einer geringeren Validität des
aktororientierten Wissens bei einer Computerkonferenz im Vergleich zur direkten Gruppenarbeit. Explorativ betrachtet werden
bei einer Computerkonferenz im Vergleich zur direkten Gruppenarbeit sogar statistisch signifikant ähnlichere Beurteilungen (bezogen auf die oben genannten Dimensionen) abgegeben. Vermutlich
sind in diesem Zusammenhang individuelle Stereotype und soziale Stereotype im Sinne sozialer Erwünschtheit bedeutsam.*

- *In der Voruntersuchung konnte bei einer Computerkonferenz im
Vergleich zur direkten Kommunikation mindestens eine tendenziell
stärkere Typisierung der sozialen Wahrnehmung im Sinne sozialer
Erwünschtheit nachgewiesen werden. Auch individuelle Stereotype haben bei einer Computerkonferenz vermutlich eine größere
Bedeutung, da die ähnlichsten Beurteilungen abgegeben wurden,
wenn die Beurteiler einander kannten.*

- Die Konstruktion des ‚validen' aktororientierten Wissens findet allerdings dann seine Grenzen, wenn sehr stark situative Beurteilungen, wie z.B. die Beurteilung der Art der in der Gruppe getroffenen Entscheidungen (Weisung des Leiters der Geschäftsführung, gemeinsame Entscheidung, individuelle Entscheidung) vorgenommen werden müssen. Bei einer Computerkonferenz gibt es hierbei eine geringere Übereinstimmung in den Beurteilungen.

- Ob die Gruppenmitglieder sich bei einer Computerkonferenz genauso gut verstehen wie bei direkter Gruppenarbeit, konnte auf Grundlage der empirischen Ergebnisse nicht entschieden werden.

- Die Teilnehmer der Computerkonferenz hatten aber das Gefühl, dass ihre Diskussionsbeiträge von den Kommunikationspartnern weniger gut als bei direkter Gruppenarbeit verstanden worden seien.

- Bei einer Computerkonferenz wird im Vergleich zur direkten Kommunikation in der Gruppe weniger sozial eingewirkt. Es werden dabei vor allem die Einwirkungspotentiale statushoher Gruppenmitglieder reduziert, während sich Einwirkungspotentiale statusniedriger Gruppenmitglieder kaum verändern.

- Bei einer Computerkonferenz läßt sich auch eine Tendenz zu einer stärkeren Gleichverteilung der sozialen Einwirkung innerhalb der Gruppen feststellen.

- Auch gibt es bei einer Computerkonferenz im Vergleich zur direkten Gruppenarbeit eine Tendenz zu einem geringeren Anteil sozialer Machtausübung und damit komplementär zu einem höheren Anteil sozialer Beeinflussung.

- *Dieses führt zu einer gleichmäßigeren Verteilung der Kommunikationsanteile bei einer Computerkonferenz im Vergleich zur direkten Gruppenarbeit.*

- *Bei einer Computerkonferenz ist es im Vergleich zur direkten Kommunikation statistisch signifikant schwerer sich auf eine gemeinsame Gruppenentscheidung zu einigen.*

- *Explorativ betrachtet scheint es demgegenüber bei einer Computerkonferenz zumindest tendenziell leichter zu sein, sich auf die Bedeutung des Spielziels ,Maximierung des Unternehmenserfolgs' zu einigen. Die stärkere Sachorientierung bei Computervermittelter Kommunikation fördert wahrscheinlich die Konzentration auf das Spielziel, wodurch sich dann die interaktive Ausdifferenzierung der Neigungen und Zielgewichtungen vermindert.*

- *Computer-vermittelte Kommunikation wird im allgemeinen als gut geeignet angesehen, Sachinformationen auszutauschen und Ideen zu diskutieren. Trotzdem kommt es bei einer Computerkonferenz im Vergleich zur direkten Gruppenarbeit zu einem statistisch signifikant geringeren Wissenszuwachs (Erkenntnis) in der Gruppe. Es wird allerdings erwartet, dass sich bei einer Computerkonferenz mit mehr als drei Teilnehmern dieser Effekt zumindest vermindert.*

- *Keine Unterschiede zwischen den Kommunikationsmedien konnten demgegenüber bei der Gruppeneffektivität, die über die erhobenen Unternehmensdaten operationalisiert wurde, aufgedeckt werden."*

Zusammenfassend hier noch einmal die für diese Arbeit wichtigsten Erkenntnisse der Untersuchung in Tabellenform:

Vorteile bei face-to-face Kommunikation	Keine (bedeutenden) Unterschiede hinsichtlich	Vorteile bei Computer-vermittelter Kommunikation
Disskussionsbeiträge werden von den Kommunikationspartnern besser verstanden	situationsbezogenem aktororientiertem Wissen	Weniger soziale Einwirkung (vor allem durch statushohe Gruppenmitglieder)
leichter, gemeinsame Gruppenentscheidungen zu treffen	Gruppeneffektivität	Gleichmäßigere Verteilung der Kommunikationsanteile
Trotz geringerer Sachorientierung tendenziell stärkerer Wissenszuwachs in der Gruppe		Stärkere Sachorientierung

Abbildung 15: Vergleich Computer-vermittelte und face-to-face-Kommunikation

Die Vorteile direkter Kommunikation liegen demnach also im besseren gegenseitigen Verständnis, in der größeren Bereitschaft, gemeinsame Entscheidungen zu treffen und im tendenziell höheren Wissenszuwachs.

Die Computer-vermittelte Kommunikation (in dieser Untersuchung vor allem durch die Computerkonferenz „vertreten") hingegen zeichnet sich durch mehr „soziale Gerechtigkeit" aus, da hier die unterschiedliche Machtverteilung weniger zum Tragen kommt. Dies führt zu einer gleichmäßigeren Verteilung der Beiträge der einzelnen Gruppenmitglieder.

Was heißt das nun für diese Arbeit? Faßt man die Ergebnisse zusammen, so sind weder für die eine noch für die andere Art der Kommunikation deutliche Vorteile zu erkennen. Anscheinend spielt es also keine große Rolle, ob die Kommunikation (zumindest im untersuchten Fall) face-to-face oder via Computer erfolgt.

3.4 Der Entwicklungsprozess virtueller Teams

Schon bei herkömmlichen Teams kommt der Planung der einzelnen Phasen der Teamentwicklung große Bedeutung zu.

Wie ungleich wichtiger dieser Prozess mit seiner dabei enstehenden Dynamik für virtuelle Teams ist, betonen Lipnack/Stamps[115]:

"Virtuelle Teams müssen sich ihrer Dynamik besonders bewusst sein. Bei ihnen manifestieren sich Verhaltensweisen nicht nur über Distanzen, sondern meist auch über längere Zeitrahmen hinweg als bei vergleichbaren konventionellen Teams. Virtuelle Teams müssen diese gefährliche Tatsache in ihre Planung einbeziehen. Kluge Teams ... entwickeln Methoden, ihren Lebenszyklus vorauszusehen und seine voraussichtlichen Stressmomente zu berücksichtigen."

3.4.1 Lebenszykluskonzept von Teams

Lipnack/Stamps verwenden das in dieser Arbeit schon vorgestellte und sehr weit verbreitete Modell von Tuckman. Allerdings setzen sie es in Verbindung mit dem Lebenszykluskonzept und erweitern es um zwei

---

[115] Lipnack/Stamps, „Virtuelle Teams- Projekte ohne Grenzen", 1997, S. 178.

Stadien, nämlich „Checking" und „Adjouring". Wie auch Tuckman betonen sie, dass besonderes Augenmerk auf die sogenannten „Streßpunkte" zu richten ist – allerdings haben sie mit der Checking-Phase einen Streßpunkt mehr als Tuckman eingeführt. Wenn ein noch in Entstehung befindliches Team sich rechtzeitig auf die voraussichtlichen Stresspunkte einstellt, kann es sich unter Umständen einen wertvollen Vorteil verschaffen.

Werden die potentiellen Konflikte nicht dazu genutzt, um dem Entwicklungsprozess „Energie zuzuführen", so können Teams in diesen Phasen scheitern bzw. an den Konflikten zerbrechen.

Hier das erweiterte Entwicklungsmodell von Gruppen:

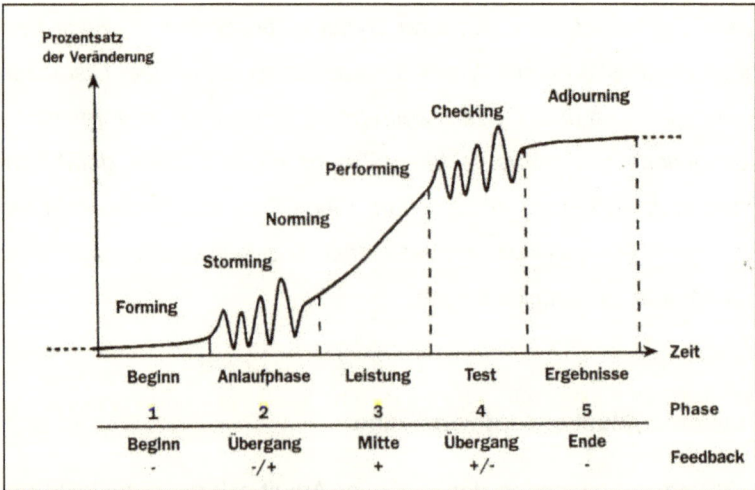

Abbildung 16: Teamprozeß
Quelle: Lipnack/Stamps, 1997, S. 177

Die einzelnen Phasen dieses Modells im Überblick:[116]

- **Phase 1: Beginn (Stabilisierung)**

  In der Anfangsphase der Teambildung herrscht eine ausgleichende Atmosphäre, während das Team versucht, sich gegen verschiedene Widerstände zu formieren. Die Initiatoren des Teams wecken Interesse, sammeln Informationen und erforschen Ideen. Diese Phase kann einen nervenaufreibenden, langen und unübersichtlichen Beginn haben, an den sich später niemand so recht erinnert, oder es kann sich auch um ein atemberaubend kurzes, allen im Gedächtnis bleibendes „Aha"-Erlebnis handeln, das den Startschuß auslöst. Wie auch immer – Veränderungen jeder Art müssen gegen den status quo ankämpfen.

- **Phase 2: Anlaufphase (Übergang)**

  Wenn eine kritische Masse von Menschen und Zwecken in einem Team zusammentrifft, beginnt sich der darauffolgende „Sturm" zusammenzubrauen. Bevor das Team arbeitsbereit ist, muss es seinen vagen Zweck schärfer formulieren, sich über seine Führung einigen, Pläne erstellen, Ressourcen suchen und Normen anerkennen. Das ist der erste Übergang zwischen den Verlangsamungsschleifen von Phase 1 und den Wachstumsschleifen von Phase 3. In dieser Phase setzt das Team die Regeln für seinen Lebenszyklus fest und legt bereits die Keime zu Erfolg und Mißerfolg. Manche Teams lösen sich nie aus dieser Phase. Hier gibt es keine Garantien. Diese Phase dauert immer schmerzlich länger,

---

[116] vergl. Lipnack/Stamps, „Virtuelle Teams- Projekte ohne Grenzen", 1997, S. 178ff.

als es alle für möglich gehalten hätten, und bei virtuellen Teams kann sie noch länger dauern als bei konventionellen.

- **Phase 3: Leistung (Wachstum)**

Die meisten Teams würden am liebsten hier beginnen, mitten in der Wachstumsphase. In dieser Phase bewältigt das Team die Hauptlast der Arbeit. Es ist die Phase, in der Ergebnisse erzielt werden und in der das Team den in der Anlaufphase festgelegten Zielen näher kommt. Die Leute treffen einander und überwinden Hindernisse. Im besten Fall ist das Teamleben gut, und alle haben den Eindruck, es werde immer so weitergehen. Aber das Wachstum kann nicht unbegrenzt sein, ohne dass es von einem entgegenwirkenden bremsenden Einfluß aufgehalten und neu geformt wird.

- **Phase 4: Test (Übergang)**

Dies ist die Phase der Herausforderung, in der das Team Ergebnisse überprüfen, Merkmale finalisieren und Ressourcen beschränken muss. Mittlerweile wird die Zeit knapp, und die Kunden warten schon ungeduldig auf die Resultate. Dies ist die zweite Übergangsphase, in der der Prozess nun von einem wachstumsfördernden in einen verlangsamenden Zustand umschlägt. Jede frühzeitige mitbestimmende Planung, Kundeneinbeziehung, alle regelmäßigen Überprüfungen und Meilensteine können diese Phase zu einem Triumph machen. Allzu oft allerdings kommt diese Phase der Prüfung kurz vor dem Ende überraschend, und manche Teams überstehen sie nicht.

- **Phase 5: Ergebnisse (Stabilisierung)**

  Die Phase der Ergebniserzielung ist das Endspiel, die Phase der „Vertagung". Das Team liefert die Ergebnisse, stellt Unterstützung bereit, verpackt Details und zelebriert sein offizielles Ende. In dieser Phase setzt meist eine Verlangsamung ein, während das Team versucht, sich auf einer neuen Ebene zu stabilisieren, nachdem es Veränderungen vollzogen hat oder ein Entwicklungszyklus vollendet ist.

  Vielleicht ist das Leben eines Teams hier beendet, und ein anderes Team beginnt, das in dieser Form über kurze oder längere Zeit bestehen kann.

Nachdem in diesem Kapitel das Lebenszykluskonzept (virtueller) Teams erläutert wurde, beschäftigt sich das nächste damit, wie Planung und Entwicklung virtueller Teams möglichst effektiv betrieben werden kann.

3.4.2 Planung und Entwicklung virtueller Teams

Der ersten Phase bei der Gründung virtueller Teams, der **Startphase**, kommt eine enorm große Bedeutung zu. Die meisten Experten[117] sind sich darin einig, dass sich bereits in dieser Phase entscheidet, ob das Team später erfolgreich arbeiten kann bzw. überhaupt besteht. Deshalb sollte in diese Phase die meiste Zeit investiert werden.

---

[117] vergl. Lipnach/Stamps, „Virtuelle Teams- Projekte ohne Grenzen", 1997, S. 180.

Vor allem, da hier das gerade für virtuelle Teams so immens wichtige **Vertrauen** geschaffen werden kann.

Wie kann nun diese Phase so gestaltet werden, dass sich für das zukünftige Team der bestmögliche Nutzen ergibt bzw. der Start so gut wie möglich gelingt?

Wie auch bei herkömmlichen Teams sollte mit dem Schaffen einer „**gemeinsamen Identität**" der Teammitglieder begonnen werden. Die beste Vorgehensweise zu diesem Zweck ist ein erstes Meeting, an dem alle Teammitglieder teilnehmen sollten. Bei diesem Meeting sollte eine möglichst genaue, „plastische" **Zielformulierung** erfolgen – jedes Teammitglied muss nach diesem Meeting sicher sein, dass hinsichtlich des gemeinsamen Ziels **absoluter Konsens innerhalb des Teams** herrscht – dass alle das selbe Ziel auch noch „vor Augen haben", wenn sie längst räumlich voneinander getrennt sind und an ihrem jeweiligen Teil der gemeinsamen Aufgabe arbeiten.

Doch bei virtuellen Teams reicht es nicht nur, sich über das gemeinsame Ziel zu definieren. Da diese Teams so gut wie nie gemeinsam (als ein Team) auftreten – schließlich sind sie ja virtuell organisiert und damit räumlich getrennt – brauchen sie etwas, das sie trotzdem als ein Team kennzeichnet. Als hilfreiches Mittel empfehlen hier mehrere Autoren das Vergeben eines **Teamnamens**.[118] Namen können langweilige Beschreibungen oder kreative Kurzbezeichnungen der Mission des Teams oder

---

[118] vergl. Lipnack/Stamps, „Virtuelle Teams- Projekte ohne Grenzen", 1997; Haywood, M., „Managing Virtual Teams, 1998; Duarte, D. / Snyder, N., „Mastering Virtual Teams", 1999.

auch exzentrische Kompositionen sein, die die menschliche Vorstellungskraft ansprechen.

Ein Beispiel hierfür stammt aus den Vereinigten Staaten. Die **„Knights of the Tele-Round Table"**[119], also in freier Übersetzung die „Ritter der virtuellen Tafelrunde", waren ein sehr erfolgreiches, leistungsstarkes virtuelles Team, das sich sehr stark über ihren **Namen** und den dazugehörigen **Symbolen** (aus der Sage rund um König Artus und seine Ritter der Tafelrunde[120]) definiert hat. Dieser Name wurde gewählt, da man die Ritter dieser Sage durchaus als das vielleicht erste virtuelle Team betrachten kann. Sie hatten ein gemeinsames Ziel, eine große Aufgabe, und zur Erreichung dieser Aufgabe verteilten sie sich über ganz Großbritannien.

Da die „Knights of the Tele-Round Table" ein sehr erfolgreiches Team waren – und kaum ein besseres Beispiel für kreative Namensgebung und Symbolik zu finden ist – werden die weiteren wichtigen Punkte, die für die Entwicklung virtueller Teams wichtig sind, am Beispiel dieses Teams erläutert.

Der erste wichtige Punkt ist, wie bereits erwähnt, ein einheitliches Verständnis für die Aufgaben, den speziellen Zweck des virtuellen Teams. Auch die **gemeinsame Vision** und **Mission** sind hier zu formulieren.

---

[119] vergl. Kostner, J., „Virtual leadership – secrets from the round table for the multi-site manager", 1994.

[120] vergl. z.B. Ohff, H., „König Artus. Eine Sage und ihre Geschichte", 1998, oder Graham/Keatman, „Artus. Die Wahrheit über den legendären König der Kelten", 1999.

Hier kann es hilfreich sein, ein sogenanntes „Purpose Statement"[121], also eine Absichtserklärung, zu verfassen. Dieses sollte Antwort auf die Frage: „Warum tun wir das?" bieten. Die Mission des Teams ist klar herauszustreichen – sein alleroberstes Ziel und seine Motivation zu handeln. Das Purpose Statement ist das formelle Symbol für die Legitimation der Gruppe. So seltsam oder unnötig dies auch klingen mag, gerade für virtuelle Teams scheint diese **Verschriftlichung und Symbolisierung** ungemein wichtig, damit sich die Mitglieder die gemeinsam gefundenen Ziele, die Vision und Mission bei Bedarf immer wieder vor Augen rufen können.

Im Falle der „Knights of the Tele-Round Table" wurde dies – wieder in Anlehnung an die Artus-Sage – durch **"Camelot"** symbolisiert. In der Sage war Camelot das Symbol des Traumes, der höheren Vision, die Artus dazu bewog, seine Ritter um sich zu versammeln. Nachdem er seine Vision von einem besseren Großbritannien mit ihnen geteilt hatte und alle das gleiche, einheitliche Bild vor sich hatten, verteilten sie sich über das ganze Land, um an dieser Aufgabe zu arbeiten.

Ist ein Name für das Team gefunden und sind auch Ziel, Vision und Mission formuliert und festgehalten, so beginnt die beinahe wichtigste Aufgabe für den Führer des virtuellen Teams – das Bilden einer Vertrauensbasis, auf der das Team in weiterer Folge seine gemeinsame Arbeit aufbauen kann.

---

[121] vergl. Lipnack/Stamps, „Virtuelle Teams – Projekte ohne Grenzen", 1997, S. 232.

Um die Wichtigkeit des Vertrauens zu verdeutlichen, wurde von den „Knights of the Tele-Round Table" ein eigenes Symbol dafür eingeführt – das magische Schwert **„Excalibur"**, das Artus in der Sage zur Krone und in weiterer Folge zur Vereinigung des Landes verhilft. Excalibur wurde aufgrund seiner doch sehr starken Symbolik gewählt, außerdem passt auch die T-Form eines Schwertes in diesem Zusammenhang (T wie Trust). Dieses Symbol, das den Mitgliedern immer wieder die Wichtigkeit von gegenseitigem Vertrauen vor Augen halten sollte, war auf beinahe allen Dokumenten (E-Mails, Fax-Nachrichten, Briefe, ...), die zur Kommunikation innerhalb des Teams verwendet wurden, abgebildet.

Eine Frage, über die man an dieser Stelle nachdenken sollte, ist die nach der Nützlichkeit derartiger Symbole. Stellen sie tatsächlich ein wirksames Hilfsmittel dar, oder sind sie „überflüssig"? Diese Frage scheint nicht so leicht zu beantworten zu sein – als Grundsatz könnte man sagen, dass derartige Symbole hilfreich sein können, wenn sie durch die Teamdynamik entstanden sind – dadurch ist eine größere Akzeptanz innerhalb des Teams anzunehmen. Werden sie vorgeschrieben (z.B. vom Teamleader), so könnten derartige Bemühungen „im Sande verlaufen", weil die Akzeptanz fehlt. Der Verständlichkeit halber werden die nachfolgenden Punkte jedoch weiterhin anhand der Symbole aus der Artussage erläutert.

Zurück also zum Vertrauen. Da dieses Vertrauen natürlich nicht von selbst entsteht ist es wichtig, hier geeignete Schritte zu setzen.

Ein erstes **gemeinsames, persönliches Treffen** ist auf jeden Fall eine wichtige Voraussetzung zum Schaffen dieses Vertrauens. Es gibt den Mitgliedern die Gelegenheit, sich persönlich kennen zu lernen.

„Since virtual projects don't share a common work space, a virtual team needs strong symbols to unite people across distance.

- *Bring people together for a project launch meeting.*

- *Make sure each partner values the benefit each reaps directly (and personally) by being a member of the virtual partnership.*

- *In the void of distance, structure a way the team can amplify its accomplishments while distributed. Be creative, yet personal, in giving each other frequent recognition of all that the virtual team accomplishes together."*[122]

Wichtig ist hierbei, dass alle Mitglieder des Teams als gleichwertig angesehen und auch behandelt werden. Denn nichts kann das Vertrauen in das Team und den Teamleader schneller zerstören als der Eindruck (und der Eindruck reicht hier schon), dass die Teammitglieder mit „unterschiedlichen Maßstäben" gemessen werden.

Das Symbol, das hierfür verwendet wurde, ist **"The Round Table"**, die große, runde Eichentafel, von denen die „Ritter der Tafelrunde" ihren Namen haben. Diese steht in der Sage als Symbol für die Gleichheit aller, die an ihr Platz nehmen.

---

[122] Kostner, J., „Virtual leadership – secrets from the round table for the multi-site manager", 1997, S. 168.

Niemand wird bevorzugt, selbst König Artus hatte an diesem Tisch die gleichen Rechte und Pflichten wie alle anderen Ritter, durch die runde Form wird niemand besonders hervorgehoben.

Zur Arbeit in virtuellen Teams kann hier möglicherweise ein eigener Team-Chatroom eingerichtet werden, eine Plattform, auf der alle Teammitglieder regelmäßig kommunizieren (hier sollten fixe Zeitpunkte vereinbart werden) – und zwar im Idealfall als absolut gleichberechtigte Gesprächspartner.

Dies führt schon zum nächsten Punkt – dem Schaffen und Erhalten von **Kommunikationsstrukturen**. Gerade diese sind für das Bestehen und wirkungsvolle Arbeiten virtueller Teams wichtig – ohne regelmäßige Kommunikation verlieren die Teammitglieder den Kontakt zueinander, die Identität und der Glaube an das gemeinsame Ziel und die Vision können verloren gehen.

Um hilfreiche Kommunikationsstrukturen zu schaffen könnte im ersten Schritt ein Medienplan (wie schon am Beispiel von Tetra Pak gezeigt) erstellt werden. Dieser enthält die Art der Medien und der Interaktion sowie die Frequenz, in der die jeweiligen Medien genutzt werden. Es sollte auf jeden Fall mindestens ein Medium geben, über das regelmäßig alle Mitglieder kommunizieren bzw. informiert werden. Hier eignet sich zum Beispiel ein wöchentliches Treffen in einem Chatroom oder auch das Einrichten eines sogenannten „Forums", in dem die Mitglieder Nachrichten hinterlassen bzw. versenden können. Wichtig ist hier die Regelmäßigkeit, die zu einer Routine werden sollte, auf die sich alle verlassen können. Denn selbst wenn es nichts neues zu berichten gibt, so sollte dies den Teamkollegen mitgeteilt werden – sonst kann leicht das Gefühl entstehen, nicht mit allen relevanten Informationen versorgt zu werden.

Auch hierzu führt J. Kostner in ihrem Vergleich zur Artussage ein Beispiel an.[123] Artus vereinbart mit seinen Rittern, dass sie einmal wöchentlich via Brieftauben in Kontakt treten. Wichtig hierbei war, dass die Ritter sich darauf verlassen konnten, wöchentlich Informationen aus Camelot zu bekommen – selbst wenn sich nichts ereignet hatte, wurde eine Nachricht gesendet – diese hatte dann eben den Inhalt, dass nichts Neues vorgefallen sei. Und die Ritter mußten auf diese Nachrichten antworten, so konnte auch König Artus sicher sein, immer alle Informationen zu bekommen.

Ob man nun in einem virtuellen Team tatsächlich so starre Kommunikationsstrukturen einführen sollte ist fraglich, eine Abmachung über Art und Häufigkeit der Kommunikation sollte aber auf jeden Fall getroffen werden – und sei es nur, um ein mögliches „sich zurückziehen" einzelner Teammitglieder (aus welchen Gründen auch immer) rechtzeitig bemerken zu können.

Was jedoch in virtuellen Teams – ebenso wie in herkömmlichen – nicht fehlen darf, ist die klare **Aufgaben- und Verantwortungsverteilung** unter den Mitgliedern. Auch dies sollte schriftlich festgehalten und an alle Mitglieder kommuniziert werden.

---

[123] vergl. Kostner, J., „Virtual leadership – secrets from the round table for the multi-site manager", 1997, S. 142f.

Allgemein ist zu sagen, dass trotz aller „moderne" der Arbeitsform „virtuelles Team", des Operierens quer über die drei Dimensionen von Virtualität und der großen Selbstverantwortung der einzelnen Mitglieder ein gewisses Maß an **Formalismus** notwendig ist, um diese Art von Teams aufrecht erhalten zu können.

Wie dieses Kapitel gezeigt hat, sollten alle getroffenen Vereinbarungen, alle Ergebnisse und wenn möglich auch alle Entwicklungen, die sich innerhalb des Teams ergeben, verschriftlicht und an alle Mitglieder verteilt werden.

Jede Information sollte weitergeleitet und dokumentiert werden, niemand darf das Gefühl haben, ausgeschlossen bzw. benachteiligt zu werden.

Im folgenden Kapitel soll nun versucht werden, **Hypothesen** zum Thema „Virtuelle Teams" zu bilden. Diese Hypothesen werden dann, nach Auswahl eines dafür geeigneten Instruments, überprüft und entweder bestätigt, verändert oder gegebenenfalls komplett revidiert.

3.5 Hypothesen zu virtuellen Teams

Die folgenden Hypothesen basieren auf den vorangegangenen Kapiteln und dem daraus entstandenen Verständnis für virtuelle Teams.

Sie stellen Aussagen über Prozesse, Wirksamkeit, mögliche Probleme usw. in bzw. von virtuellen Teams dar.

Hypothese 1:

„Die wichtigste Voraussetzung für das Funktionieren (d.h. das Aufrechterhalten von Kommunikation und das Erreichen der gesetzten Ziele) virtueller Teams ist das Vertrauen der einzelnen Mitglieder zueinander. Diese Vertrauen muss sowohl auf fachlicher als auch auf sozialer Ebene vorhanden sein."

Hypothese 2:

„Regelmäßige Kommunikation zwischen den Teammitgliedern ist wichtig, um nicht den Kontakt und das gemeinsame Teamverständnis zu verlieren."

Hypothese 3:

„Alle Teammitglieder müssen sich völlig darüber im klaren sein, was das gemeinsame Ziel des Teams ist. Das einheitliche Verständnis für die Aufgabe muss auf jeden Fall überprüft bzw. abgestimmt werden."

Hypothese 4:

„Die Aufgaben und Rollen innerhalb des Teams müssen ganz genau aufgeteilt sein, und jedes Teammitglied muss diese Verteilung kennen und damit einverstanden sein."

Hypothese 5:

„Virtuelle Teams sind besonders gut geeignet, Organisationsgrenzen zu überschreiten und können so die unterschiedlichsten Potentiale vereinigen, um komplexe Aufgaben zu bewältigen."

Hypothese 6:

„Persönliche Treffen zwischen den Teammitgliedern (in regelmäßigen Abständen) können hilfreich sein, sind aber nicht unbedingt Voraussetzung. Virtuelle Teams können auch sehr gut auf rein sachlicher Ebene zusammenarbeiten."

Hypothese 7:

„Die Verschriftlichung aller Vorgänge und Entwicklungen innerhalb eines virtuellen Teams ermöglicht es, allen Mitgliedern die gleichen Informationen zur Verfügung zu stellen und ist somit eine Voraussetzung für die Arbeit in virtuellen Teams."

Hypothese 8:

„Das Schaffen einer gemeinsamen Identität, zum Beispiel in Form eines Namens, fördert das Zusammengehörigkeitsgefühl und kann so zu besserer Teamleistung führen."

Hypothese 9:

„Das Ausarbeiten eines Medienplans unterstützt wirksam das Schaffen und Erhalten von Kommunikationsstrukturen."

Hypothese 10:

„Bei der Kommunikation ist besonders auf die Formulierung der Nachrichten zu achten, da falsch verstandene Nachrichten einen sehr negativen, lang anhaltenden Einfluß auf die Arbeit des Teams haben können."

4 Zur Form der Befragung

Zur Überprüfung der aufgestellten Hypothesen soll in weiterer Folge das Instrument des sogenannten **„qualitativen Interviews"** verwendet werden.

Auf den nächsten Seiten folgt ein kurzer Überblick über einige Grundlagen und die diversen Formen von Interviews.

„Das Wort Interview kommt aus dem Anglo-Amerikanischen und konnte sich im 20. Jahrhundert auch im deutschen Sprachraum durchsetzen. Es stammt eigentlich vom französischen ,entrevue' ab und bedeutet ,verabredete Zusammenkunft' bzw. ,einander kurz sehen', ,sich begegnen', wenn man das zugehörige Verb ,entrevoir' heranzieht." [124]

Grundsätzlich ist ein Interview eine Gesprächssituation, die bewußt und gezielt von den Beteiligten hergestellt wird, damit der eine Fragen stellt, die vom anderen beantwortet werden.

Eine Definition dazu stammt von Scheuch: *„Unter Interview versteht man ein planmäßiges Vorgehen mit wissenschaftlicher Zielsetzung, bei dem die Versuchsperson durch eine Reihe gezielter Fragen oder mitgeteilter Stimuli zu verbalen Informationen veranlaßt werden soll".* [125]

---

[124] Lamnek, S., „Qualitative Sozialforschung – Methoden und Techniken", 1995, S. 35.

[125] Scheuch, E.K., „Das Interview in der Sozialforschung", 1967, S. 70; zitiert in: Lamnek, S., „Qualitative Sozialforschung – Methoden und Techniken", 1995.

Vorteile von Interviews gegenüber anderen Formen der Datenerhebung liegen darin, dass die übermittelten Informationen aufgezeichnet werden können, unverzerrt authentisch sind, intersubjektiv nachvollzogen und beliebig reproduziert werden können.

Da Interview jedoch nicht gleich Interview ist, folgt eine mögliche **Einteilung**, um anschließend die für den Zweck dieser Arbeit geeignetste Form auszuwählen.

Zur Einteilung von Interviews sollen folgende **Dimensionen** betrachtet werden:[126]

- Die Intention von Befragungen
- Die Standardisierung von Befragungen
- Die Struktur der Befragten
- Die Form der Kommunikation
- Der Stil der Kommunikation
- Die Art der Fragen

---

[126] nach Lamnek, S., „Qualitative Sozialforschung – Methoden und Techniken", 1995, S. 35ff.

4.1 Die Intention von Befragungen

Hier können zwei Formen unterschieden werden, und zwar **ermittelnde Interviews** und **vermittelnde Interviews**.

Bei ermittelnden Interviews wird der Befragte als Träger abrufbarer Informationen verstanden, die den Interviewer interessieren.

Laut Koolwijk[127] lassen sich ermittelnde Interviews in **drei Untergruppen** unterteilen:

- Das **informatorische Interview** dient der deskriptiven Erfassung von Tatsachen aus den Wissensbeständen der Befragten. In dieser Form des Interviews wird der Befragte als Experte verstanden, dessen Fachwissen verhandelt wird. Der Befragte ist Informationslieferant für Sachverhalte, die den Forscher interessieren.

- Das **analytische Interview** versucht vor allem, soziale Sachverhalte zu erfassen. Der Forscher oder Interviewer analysiert und beschreibt die Äußerungen des Befragten aufgrund theoretischer Überlegungen und Konzepte. Hier erfolgt, wie der Name schon sagt, die Analyse der Äußerungen im Interview auf der Basis theoretisch-hypothetischer Gedanken im Sinne von Hypothesenprüfung. Die in den Sozialwissenschaften am häufigsten verwendete Form des Interviews ist sicher das analytische Interview.

- Das **diagnostische Interview** dient vor allem der Ermittlung eines fest definierten Merkmalprofils einer Person. Die Erkenntnisse aus solchen Interviews werden vom Interviewer bzw. Forscher als

---

[127] v. Koolwijk, J./Wieken-Mayser, M., „Techniken der empirischen Sozialforschung – Die Befragung", 1974, S. 16; zitiert in: Lamnek, S., „Qualitative Sozialforschung – Methoden und Techniken", 1995.

Grundlage für den Einsatz von vermittelnden Interviews in der Psychologie und der Sozialtherapie verwendet. Diese Form des Interviews dient dazu, Individualdiagnosen zu erstellen und diese als Basis für konkrete Entscheidungen zu nutzen.

Beim vermittelnden Interview wird die Befragungsperson als Ziel einer zu informierenden oder beeinflussenden Kommunikation gesehen. Hier ist nicht der Informationsfluß vom zu Befragenden zum Interviewer Gegenstand des Interviews, es soll eine Erkenntnis- oder Bewußtseinsveränderung auf Seiten des Befragten erreicht werden.

4.2 Die Standardisierung von Befragungen

Auch diese Dimension der Klassifikation von Befragungen läßt sich in weitere Untergruppen einteilen. Die zwei für diese Arbeit relevanten Formen sind **standardisierte** oder **offene** Interviews, auf die im weiteren näher eingegangen wird.

„Bei der standardisierten Befragung wird ein detailliert ausgearbeiteter Fragebogen verwendet, in dem sowohl die Formulierung der einzelnen Fragen wie auch die Reihenfolge der Fragen fixiert ist. Jedes Abweichen davon ist unzulässig und würde die Reizstandardisierung und damit die Akkumulierung der Daten und die Generalisierung der Dateninterpretation problematisch machen.

Solche standardisierten Befragungen werden auch als strukturierte oder gelenkte Befragungen bezeichnet". [128]

Im Unterschied dazu ist die offene Befragung dadurch gekennzeichnet, dass sie ohne Fragebogen oder festes Frageschema durchgeführt wird. Weder die Formulierung der einzelnen Fragen noch der Ablauf der Befragung ist vorab festgelegt. In der Regel gibt es nur ein bestimmtes Rahmenthema, über das man sich frei unterhält, wobei der Interviewer lediglich durch Zwischenfragen weiterhilft, zur Präzisierung auffordert, durch Paraphrasierung Klarheit schafft usw.

Vergleicht man diese beiden Formen, so ergeben sich doch einige Unterschiede.

---

[128] Lamnek, S., „Sozialwissenschaftliche Arbeitsmethoden", 1980, S. 134; zitiert in: Lamnek, S., „Qualitative Sozialforschung – Methoden und Techniken", 1995.

Zum einen sind standardisierte Interviews in der Regel deutlich kürzer als offene, was man als Vorteil sehen kann (schnellere Erhebung möglich), allerdings sind dadurch auch Breite und Tiefe der durch die Antworten gegebenen Informationen beschränkt. Dies kommt vor allem dadurch zum Ausdruck, dass bei offenen Interviews vom Interviewer Antworten hinterfragt werden können bzw. genauer nachgefragt werden kann. Bei standardisierten Interviews ist dies nicht der Fall, da hier eine hohe Vergleichbarkeit der Interviews Ziel ist.

„Die Relevanzsysteme der Betroffenen kommen nicht zu Wort, was diese einerseits frustrieren mag, aber andererseits – und viel wichtiger – den erhobenen Daten mangels Kenntnis einen Stellenwert verleiht, den sie realiter nicht haben. Dies wird im Vergleich zum qualitativen Interview besonders deutlich, wenn dort der Befragte permanent seine Zukunftsangst thematisiert, die im standardisierten Interview mit keinem Wort Erwähnung findet." [129]

Aufgrund der Standardisierung – vor allem wenn es nur einige vorgegebene Antwortmöglichkeiten gibt – kann es zu einer Verfälschung der Ergebnisse kommen, wenn die eigentliche Antwort des Interviewten nicht in das vorgegebene Schema paßt.

Lamnek faßt die in der Literatur angeführten **Vorteile der jeweiligen Interviewform** zusammen:[130]

---

[129] Lamnek, S., „Qualitative Sozialforschung – Methoden und Techniken", 1995, S. 51.

[130] Lamnek, S., „Qualitative Sozialforschung – Methoden und Techniken", 1995, S. 56.

Das standardisierte Interview:

- bessere Vergleichbarkeit der Antworten

- höhere Zuverlässigkeit

- Reduktion von Fehlern durch die Fragen (wegen gleicher Fragestellung und Reihenfolge der Fragen)

- einfachere Durchführung des Interviews

- schnellere und preiswerte Analyse der Antworten

Das nicht-standardisierte Interview:

- eher „Standardisierung" von Bedeutungen (Sinn) als eine Standardisierung der oberflächlichen Aspekte der Reizsituation (Bedeutungsäquivalenz der Fragen)

- Ermutigung zu lebensnäheren Antworten, da der alltäglichen Gesprächssituation angepaßt

- flexibler in der Durchführung

- keine Prädetermination durch den Forscher.

4.3 Die Struktur der Befragung

Befragungen können auch nach der Struktur der zu Befragenden klassifiziert werden.

„Bei dichotomisierender Betrachtung wäre die Einzel- von der Gruppenbefragung zu unterscheiden. Allerdings kann eine solche Gruppenbefragung selbst wieder unterschiedliche Formen annehmen, etwa die einer paper & pencil-Methode oder aber die einer Gruppendiskussion." [131]

Während Gruppendiskussionen und Einzelbefragungen sowohl qualitativ wie auch quantitativ orientiert sein können, sind reine Gruppenbefragungen, etwa als paper & pencil-Methode, bei qualitativer Methodologie praktisch ausgeschlossen. Umgekehrt wird man sagen können, dass qualitative Interviews in der Regel Einzelbefragungen sein werden.

---

[131] Lamnek, S., „Qualitative Sozialforschung – Methoden und Techniken", 1995, S. 56.

4.4 Die Form der Kommunikation

Ein weiteres Kriterium bei der Differenzierung von Befragungen ist die der Präsentation der Fragen. Im Hinblick auf die Kommunikationssituation lassen sich danach **schriftliche bzw. mündliche Darbietung der Fragen** unterscheiden.

„Beim Interview erfolgen die Fragen mündlich und die Registrierung der Antworten über den Interviewer. Dieses Vermittlungsinstrument zwischen Forscher und Befragungsperson fällt bei der schriftlichen Befragung weg, weil dort der Befragte den Fragebogen selbständig ausfüllt. Dies bedeutet, dass der Fragebogen hoch standardisiert und gleichzeitig sehr einfach zu beantworten sein muss, weil keine personale Unterstützung beim Ausfüllen möglich ist. Wenn aber der Interviewer bei schriftlichen Befragungen wegfällt, so bedeutet dies, dass die schriftliche Befragung kein geeignetes Instrument für die qualitative Sozialforschung darstellt, weil wegen der Konzeption des Fragebogens eine sehr weitgehende Vorstrukturierung des gesamten Ablaufes gegeben ist, so dass die zentralen Prinzipien von Offenheit und Flexibilität verletzt wären. Der Befragte wäre in seinen Antwortmöglichkeiten äußerst beschränkt und die Befragungssituation könnte massivst inhibierend wirken." [132]

Im Regelfall wird eine qualitative Befragung als Interview durchgeführt.

---

[132] Lamnek, S., „Qualitative Sozialforschung – Methoden und Techniken", 1995, S. 57.

4.5 Der Stil der Kommunikation

Nach dem Stil der Kommunikation im Interview unterscheidet man zwischen **weichem und hartem Interview**, zwischen diesen beiden steht noch das neutrale Interview.

„Weich ist ein Interview, wenn der Interviewer versucht, ein Vertrauensverhältnis zum Befragten zu entwickeln, indem er der Person des Befragten (nicht den Antworten) seine Sympathie demonstriert." [133]

„Der Interviewer soll eine passive Rolle einnehmen, nur bei Themenwechseln eingreifen." [134]

Beim weichen und beim harten Interview geht der Forscher von der ähnlichen Annahme einer mangelnden Bereitschaft zur Mitarbeit aus, nur die Strategie der Überwindung des Problems ist eine andere. Beim weichen Interview versucht der Interviewer, das sympathisierende Verständnis für die spezielle Situation des Befragten zum Ausdruck zu bringen und dadurch die widerstrebende Haltung des Befragten abzubauen.

---

[133] Grunow, D., „Stichworte", in: Fuchs, W. et al., 1978, S. 786; zitiert in: Lamnek, S., „Qualitative Sozialforschung – Methoden und Techniken", 1995.

[134] v. Koolwijk, J. „Die Befragungsmethode", 1974, S. 17; zitiert in: Lamnek, S., „Qualitative Sozialforschung – Methoden und Techniken", 1995.

„Beim harten Interview geht der Interviewer so vor, dass er gleichsam als Autorität, wie bei einem Verhör, auftritt und massiv Druck macht, um die Widerstände des zu Befragenden zu brechen und Antworten zu erhalten." [135]

Da diese beiden Formen allerdings sehr starken Einfluß durch den Interviewer zulassen, wodurch die doch so wichtige Nachprüfbarkeit der Ergebnisse nicht unbedingt erreicht wird, ist die am häufigsten angewandte Form die des neutralen Interviews, das *„den unpersönlich-sachlichen Charakter der Befragung, die Einmaligkeit der Kommunikation und die soziale Distanz zwischen den Befragungspartnern betont".* [136]

---

[135] Lamnek, S., „Qualitative Sozialforschung – Methoden und Techniken", 1995, S. 58.

[136] v. Koolwijk, J. „Die Befragungsmethode", 1974, S. 17; zitiert in: Lamnek, S., „Qualitative Sozialforschung – Methoden und Techniken", 1995.

4.6 Die Art der Fragen

Für die Charakterisierung qualitativer Interviews ist eine weitere Definition entscheidend, die sich auf die Art der gestellten Fragen bezieht.

„In der quantitativen Sozialforschung wurde die Differenzierung zwischen geschlossener und offener Frage eingeführt. Geschlossene Fragen sind dabei solche, bei denen implizit in der Frageformulierung selbst oder durch die Vorgabe von Antwortkategorien außerhalb der Fragestellung die möglichen Antworten vorgegeben sind. Der Befragte entscheidet sich für eine oder mehrere Antwortkategorien, nämlich jene, die seiner tatsächlichen Einstellung, seinem Verhalten etc. entsprechen oder am nächsten kommen.“ [137]

Offene Fragen sind dagegen solche, bei denen die Antworten des Befragten nicht in ein vorgegebenes Antwortschema eingeordnet werden müssen. Die Antworten werden vielmehr in der vom Befragten gebrauchten Formulierung und mit den von ihm erwähnten Fakten und Gegenständen aufgezeichnet.

Um die aufgestellten Hypothesen zu überprüfen, wurde das Instrument des qualitativen, halb-standardisierten Interviews ausgewählt. Die Interviews werden durch persönliche Befragung durchgeführt. Befragt werden ausgesuchte Personen, die über entsprechende Erfahrung bezüglich der Arbeit in und mit virtuellen Teams und Projekten haben.

---

[137] Lamnek, S., „Qualitative Sozialforschung – Methoden und Techniken", 1995, S. 58.

4.7 Auswertung der Interviews

Wurden die Interviews anhand des Interviewleitfadens durchgeführt, müssen die Ergebnisse entsprechend ausgewertet werden. Wie wird dies erfolgen?

Mühlfeld[138] schlägt für eine derartige Auswertung ein mehrstufiges Verfahren vor, dass folgendermaßen aufgebaut ist:

Stufe 1: Beim ersten Durchlesen werden alle Textstellen markiert, die spontan ersichtlich Antworten auf die entsprechenden Fragen des Leitfadens sind.

Stufe 2: Beim zweiten Durchlesen wird der Text in das Kategorienschema eingeordnet, wobei dieses zugleich erweitert wird. Unter dem Kategorienschema sind in diesem Fall die aufgestellten Hypothesen zu verstehen.

Stufe 3: Erneutes, drittes Durchlesen des Textes, mit Markierung und Notierung besonderer Textstellen, die den Prozess der Verarbeitung charakterisieren, wobei bei Wiederholung bzw. Ähnlichkeit einzelner Passagen die jeweils prägnanteste zu Grunde gelegt wird.

Stufe 4: Formulierung eines Textes, der den Prozess der Verarbeitung darstellt.

Stufe 5: Erstellung der Auswertung mit Text und Interviewausschnitten.

---

[138] Mühlfeld, C., „Soziologische Theorie", S. 336, 1981; zitiert in: Lamnek, S., „Qualitative Sozialforschung – Methoden und Techniken", 1995.

Stufe 6: Markierung des Auswertungstextes zur Präsentation, keine inhaltliche und interpretatorische Stufe mehr.

In Anlehnung an dieses mehrstufige Verfahren werden die durchgeführten Interviews ausgewertet und zu den aufgestellten Hypothesen in Bezug gesetzt.

Nachfolgend eine Übersicht über die weitere Vorgehensweise:

- Erstellung eines Interviewleitfadens zur Durchführung der halbstandardisierten Interviews.

- Durchführung der Interviews.

- Durchlesen der Interview-Transkripte, Zuordnung der Antworten zu den jeweiligen Hypothesen.

- Nochmaliges Durchlesen der zugeordneten Antworten – überprüfen der Hypothesen – sind diese zutreffend oder müssen sie verändert werden.

- Die aufgestellten Hypothesen werden (jeweils mit Begründung und Auflistung der zugehörigen Zitate) entweder bestätigt, verändert oder komplett revidiert.

Das Ende der Arbeit bildet schließlich eine Zusammenfassung der Ergebnisse der gesamten Arbeit – inklusive Beantwortung der zentralen Frage.

5 Empirischer Teil

5.1 Erstellung des Interviewleitfadens

Anhand folgenden Interviewleitfadens wurden die Interviews zur Überprüfung der aufgestellten Hypothesen durchgeführt:

1. Was verstehen Sie unter einem virtuellen Team?

2. Welche Art von Erfahrung haben Sie mit virtuellen Teams gemacht bzw. machen Sie gerade? In welchem Kontext konnten Sie virtuelle Teams kennenlernen?

3. Welche Art von Projekten bzw. Aufgaben wurden dem/den virtuellen Team(s), das/die sie kennenlernen konnten, übertragen?

4. Wurden die vorgegebenen Ziele von dem virtuellen Team erreicht? Wie wurden diese Ziele definiert?

5. Wie wurde das virtuelle Team „gegründet"? Welche Rahmenbedingungen waren für dieses Team gegeben (Teamgröße, Möglichkeit von persönlichem Kontakt, Zeitspanne der Teamarbeit, Rollenverteilung, ...)?

6. Welche Aussagen können Sie zur Kommunikation zwischen den Teammitgliedern treffen? Wie war diese organisiert, welche Effekte waren zu beobachten?

7. Welche Bedeutung messen Sie dem Vertrauen der Teammitglieder ineinander bei? Was verstehen Sie in diesem Zusammenhang unter Vertrauen?

8. Welcher Bedeutung kommt dem Teamleader in einem virtuellen Team zu?

9. Würden Sie, zusammenfassend, Ihre Erfahrungen mit virtuellen Teams eher als positiv oder eher als negativ bezeichnen? Warum?

10.   Falls sich für Sie noch einmal die Möglichkeit ergibt, in einem virtuellen Team mitzuarbeiten – würden Sie sie nutzen?

5.2 Durchführung der Interviews

Anhand des erstellten Interviewleitfadens wurden im März 2001 acht persönliche Interviews durchgeführt. Die befragten Personen verfügten über Erfahrungen bezüglich der Arbeit in und mit Teams bzw. Projektgruppen, die unter anderem räumlich und/oder zeitlich getrennt waren und trotzdem an gemeinsamen Zielen arbeiteten.

5.3 Auswertung der Interviews und Überprüfung der Hypothesen

Bei der Auswertung der Interviews wurde nach dem weiter oben beschriebenen Schema vorgegangen.

Die Unterlagen zu den einzelnen Auswertungsschritten sind im Anhang zu finden, an dieser Stelle sei deshalb nur eine Zusammenfassung der Ergebnisse angeführt.

Dazu werden die Hypothesen wiederholt, die jeweils repräsentativsten Zitate aus den Interviews dazu angeführt und schließlich wird jede Hypothese kritisch betrachtet.

Hypothese 1:

„Die wichtigste Voraussetzung für das Funktionieren (d.h. das Aufrechterhalten von Kommunikation und das Erreichen der gesetzten Ziele)
virtueller Teams ist das Vertrauen der einzelnen Mitglieder zueinander.
Diese Vertrauen muss sowohl auf fachlicher als auch auf sozialer Ebene
vorhanden sein."

*„Man braucht auf jeden Fall ein großes Vertrauensverhältnis. Man muss
wissen, dass der andere das wirklich kann, die Zeit dafür hat und daran
arbeitet."*

*„Vertrauen ist der Schlüssel zu allem, ohne Vertrauen geht nichts. Nimm
ein sogenanntes Team, laß es virtuell arbeiten, und du wirst sehen, ob
es wirklich ein Team ist. Ein gutes Team hat dieses Vertrauen und funktioniert auch virtuell."*

*„Vertrauen ist Grundvoraussetzung, wenn das nicht da ist, kannst du
nicht arbeiten."*

*„Bei den persönlichen Treffen ist es vielleicht sogar wichtiger, Vertrauen
aufzubauen, als die Ergebnisse abzugleichen."*

*„Vertrauen ist total wichtig. Man muss die Teilnehmer kennen und ein-
schätzen können, um zu wissen, wie eine Nachricht aufgefasst wird."*

„Vertrauen halte ich für total wichtig."

Aufgrund der Ergebnisse der Interviews kann diese Hypothese bestätigt
werden. Tatsächlich haben alle Befragten das Vertrauen ins Team und
in die anderen Teammitglieder als extrem wichtig für die Zusammenarbeit in virtuellen Teams genannt.

Hypothese 2:

„Regelmäßige Kommunikation zwischen den Teammitgliedern ist wichtig, um nicht den Kontakt und das gemeinsame Teamverständnis zu verlieren."

„Am Anfang haben wir gemeinsam vereinbart, was wir wollen, dann sind wir den Weg alleine gegangen. Ich denke, es fordert von den einzelnen Teammitgliedern, dass sie die Kommunikation aufrecht erhalten und dass sie mit dem gesamten Team in Kommunikation stehen."

„Zu Beginn wurde gesagt, wer miteinander kommuniziert, Meilensteine wurden zu Beginn festgelegt, auch die Art und Anzahl persönlicher Treffen. Es gab ganz klare Kommunikationswege – das hat sich gut bewährt, nur die Kommunikation hat sich im Lauf der Zeit ein bisschen verschoben."

„Wenn viel kommuniziert wurde, dann entstand so etwas wie eine Beziehung, allerdings nicht auf persönlicher Ebene – Beziehungen leben eigentlich von der Gegenwart."

Zu dieser Hypothese lässt sich sagen, dass sie zwar grundsätzlich bestätigt werden kann – was allerdings unter regelmäßiger Kommunikation verstanden wird konnte nicht klar abgegrenzt werden.

Hypothese 3:

„Alle Teammitglieder müssen sich völlig darüber im klaren sein, was das gemeinsame Ziel des Teams ist. Das einheitliche Verständnis für die Aufgabe muss auf jeden Fall überprüft bzw. abgestimmt werden."

„Die inhaltlichen Schritte standen klar fest, da war nichts daran zu rütteln. Wieviel Phasen es gibt, was in welcher Phase zu erfolgen hatte – ich hab aber auch immer alles, das sich geändert hat, allen kommuniziert – wir haben dann gemeinsam überlegt, wie wir damit umgehen können, wie wir weiterarbeiten können. Beim ersten persönlichen Treffen hat sich herausgestellt, dass die Ziele aber falsch verstanden wurden. Danach haben wir dann die Ziele klar formuliert, das bedurfte aber auch einer ständigen Wiederholung. Was war unser Ziel, wie haben wir das verlassen, können wir Unterziele umdefinieren?"

„Die einzelnen Teammitglieder/Länderteile haben ihre Ziele separat bearbeitet, bei den persönlichen Treffen haben wir dann alles zusammengefügt und weitere Ziele festgelegt bzw. die Weichenstellungen getroffen. Die Weiterbearbeitung erfolgte dann wieder virtuell. Die Zielsetzung funktionierte allerdings nicht immer, es gab da so etwas wie eine ‚kreative Unschärfe', die ich jetzt allerdings nicht mehr als Nachteil empfinde. Beim nächsten Treffen haben wir dann wieder die Ergebnisse verglichen und abgestimmt."

„Bei der Zielformulierung haben wie dann wochenlang die unterschiedlichen Begriffe definiert, das war wichtig für die Arbeit."

Die Befragten haben zu diesem Punkt verschiedene Erfahrungen gemacht. Interessanter Weise war die Aufteilung ungefähr gedrittelt – ein

Drittel der Befragten legte die Ziele klar zu Beginn fest und hat sie auch laufend definiert – und das als wichtig betrachtet.

Ein Drittel hat die Ziele ungefähr definiert, mussten dann feststellen, dass das zu ungenau war, worauf die Ziele neu definiert und abgeglichen wurden – doch auch das wurde im Nachhinein als positiver Prozess betrachtet. Und schließlich gab es Teams, in denen nicht wirklich über die Ziele gesprochen wurde, da sie durch die Aufgabenstellung klar für alle verteilt waren – und auch diese Art, mit den Zielen umzugehen, dürfte funktioniert haben.

Es lässt sich also keine eindeutige Tendenz feststellen.

Hypothese 4:

„Die Aufgaben und Rollen innerhalb des Teams müssen ganz genau aufgeteilt sein, und jedes Teammitglied muss diese Verteilung kennen und damit einverstanden sein."

Zu diesem Punkt gibt es kein wirklich repräsentatives Zitat, dass diese Hypothese bestätigen oder widerlegen würde.

Beim Großteil der Interviewpartner ergab sich die Rollenverteilung aufgrund der Aufgaben bzw. der Kompetenzen der jeweiligen Teammitglieder. Dass es tatsächlich wichtig ist, dass die Rollen genau aufgeteilt werden und den Mitgliedern bewusst sind, kann jedoch nicht eindeutig bestätigt werden.

Hypothese 5:

„Virtuelle Teams sind besonders gut geeignet, Organisationsgrenzen zu überschreiten und können so die unterschiedlichsten Potentiale vereinigen, um komplexe Aufgaben zu bewältigen."

„Diese Kulturunterschiede sind durchaus bemerkbar, man muss damit umgehen, es kostet Zeit und Aufmerksamkeit, aber es erweitert den eigenen Horizont."

„Am Anfang war es schwierig, die unterschiedlichen Organisationskulturen zu kombinieren. Man hat doch eine andere Sicht der Dinge, einen anderen Blick auf bestimmte Sachen. Aber sobald das gelungen ist – durch immer wieder darüber reden und abgleichen – war es eine tolle Ergänzung, mit Mitgliedern verschiedener Organisationen zusammenzuarbeiten."

„Der Kulturaspekt ist ein doppelter. Da gibt's die verschiedenen Organisationskulturen und die Unterschiede durch die verschiedene Herkunft. Beides war schwierig am Anfang, aber wenn man mal die richtige Abstimmung gefunden hat, dann ist das eine super Ergänzung und Erfahrung."

Die Art der Projekte, die durch virtuelle Zusammenarbeit bearbeitet werden, sind sehr oft organisationsübergreifend – sie bringen oft erst diese Art der Projekt- bzw. Teamorganisation mit sich.

Einhellige Meinung war, dass es durch die unterschiedlichen Kulturen zu Problemen kommen kann, wenn man aber mit diesen Problemen entsprechen umgeht (vor allem sehr viel kommuniziert und alles klar anspricht) die Zusammenarbeit sehr gut funktioniert.

Diese Hypothese hält also Stand, auch wenn hier natürlich eine große Verantwortung bei den einzelnen Teammitgliedern liegt.

Hypothese 6:

„Persönliche Treffen zwischen den Teammitgliedern (in regelmäßigen Abständen) können hilfreich sein, um Beziehungen aufzubauen, sie sind aber nicht unbedingt Voraussetzung. Virtuelle Teams können auch sehr gut auf rein sachlicher Ebene zusammenarbeiten."

„Ich halte persönliche Treffen für eine wichtige Sache – oft ist das halt von den Rahmenbedingungen her nicht möglich. Wenn ich einmal im Jahr die Möglichkeit zu einem Treffen hätte, dann würde ich da weniger auf der sachlichen Ebene arbeiten, sondern eher auf der sozialen Ebene. Denn wenn die passt, kann auf der sachlichen Ebene besser zusammengearbeitet werden."

„Persönliche Treffen sind sowohl auf der sachlichen als auch auf der persönlichen Ebene wichtig. Man kann durchaus sachliche Dinge abklären, aber man muss dann auch eine Art Auszeit nehmen – da darf man nicht über das Projekt sprechen. Da sollte dann viel Platz für informelle Gespräche sein."

„Bei persönlichen Treffen ist es ganz wichtig, dass man das Tagesprogramm strukturiert und abgleicht. Da muss man fachliches besprechen, aber es sollte auch Platz für menschliches sein. Auf jeden Fall wichtig ist eine klare Aufgabendefinition."

„Die Arbeitsform muss immer eine Kopplung sein von virtuell und real. Wir haben vier regelmäßige Arbeitstreffen gehabt, und wir haben immer wieder gemerkt, dass das notwendig ist."

Diese Hypothese lässt sich so halten. Es gab Teams, die rein virtuell organisiert waren, andere hatten regelmäßige Arbeitstreffen. Aber alle waren der Meinung, dass persönliche Treffen eine hilfreiche Unterstützung sein können, sofern sie entsprechend organisiert werden. Wichtig scheint den meisten Befragten bei solchen persönlichen Treffen die Ausgewogenheit zwischen Sach- und Beziehungsebene.

Hypothese 7:

„Die Verschriftlichung aller Vorgänge und Entwicklungen innerhalb eines virtuellen Teams ermöglicht es, allen Mitgliedern die gleichen Informationen zur Verfügung zu stellen und ist somit eine Voraussetzung für die Arbeit in virtuellen Teams."

„Wir haben alle Infos auf unsere Homepage gestellt – somit waren sie den Teammitgliedern zugänglich. Natürlich musste das sehr übersichtlich gestaltet werden. Aber dadurch hatte niemand das Gefühl, dass er nicht alle Informationen bekommt."

„Bei der Info-Verfügbarkeit für die Teammitglieder war es wichtig, den richtigen Mittelweg zwischen Effizienz und Akzeptanz zu finden – mit dem geringsten Ressourceneinsatz das maximale Ergebnis zu erzielen. Wir haben das so gelöst, dass wir zwei Provider gehabt haben – auf dem einen waren alle Infos drauf, auf dem zweiten nur die ‚Essenz', die wichtigsten Sachen. So konnte jeder auf alles zugreifen, aber auch nur auf die wichtigen Dinge zugreifen."

„Es wäre zu aufwendig, alles zu dokumentieren – aber gewisse Sachen sollten doch festgehalten und weitergeleitet werden"

Diese Hypothese muss dahingehend revidiert werden, dass tatsächlich nicht alle Vorgänge verschriftlicht werden müssen – diese Vorgehensweise ist keine unbedingte Voraussetzung für die Arbeit in virtuellen Teams.

Dokumentation von Vorgängen kann hilfreich sein und wurde auch häufig gemacht, allerdings wäre es mit zu großem organisatorischen Aufwand verbunden, tatsächlich alles zu dokumentieren.

Hypothese 8:

„Das Schaffen einer gemeinsamen Identität, zum Beispiel in Form eines Namens, fördert das Zusammengehörigkeitsgefühl und kann so zu besserer Teamleistung führen."

„Der Einsatz von Symbolen ist uns nicht abgegangen. Das muss schon sehr stimmig sein und sich ergeben, damit man Symbole oder Namen sinnvoll einsetzen kann."

Kein einziges der Teams, in denen die Befragten gearbeitet haben bzw. arbeiten, hat einen Namen, um so seine Identität zu definieren. Ein derartiges Vorgehen wurde auch nicht als notwendig erachtet.

Da in keinem dieser Teams Bemühungen in diese Richtung bestanden, kann auch keine Aussage über die Wirksamkeit bzw. Nützlichkeit derartiger Maßnahmen für die Teamleistung getroffen werden.

Hypothese 9:

„Das Ausarbeiten eines Medienplans unterstützt wirksam das Schaffen und Erhalten von Kommunikationsstrukturen."

„Wir haben zu Beginn zwar Kommunikationsregeln festgehalten, aber darin spielten weniger die zu verwendenden Medien eine Rolle – da haben wir eher auf die Inhalte geschaut."

„Wir haben versucht, das in den Verträgen zu regeln, wer wie mit wem kommuniziert. So ganz funktioniert hat das allerdings nicht immer."

Auch hier ist ähnliches festzuhalten wie bei der vorhergehenden Hypothese: Kein einziges der Teams hatte tatsächlich einen Medienplan ausgearbeitet.

Das einführen eines derartigen Instruments wurde zwar durchwegs als sinnvoll betrachtet, aber da tatsächlich nirgends einer ausgearbeitet wurde, können keine Aussagen über die Wirksamkeit gemacht werden.

Hypothese 10:

„Bei der Kommunikation ist besonders auf die Formulierung der Nachrichten zu achten, da falsch verstandene Nachrichten einen sehr negativen, lang anhaltenden Einfluß auf die Arbeit des Teams haben können."

„Ich persönlich habe begonnen, mich auf den Stil der anderen einzustellen. Ich halte es mit E-Mails so: Was ich nicht ausdrucken würde, unterschreiben und wegschicken, das versende ich auch nicht als E-Mail. Da sollte man klare Kommunikationsregeln haben."

„... man kann über E-Mail sehr schnell Streit haben."

„Dazu kommen noch die Bandbreitenprobleme: Wenn wir uns gegenüber sitzen haben wir das ganze Paket an Kommunikationsmöglichkeiten, und je weniger wir haben, desto sensibler muss man mit dem Kanal umgehen, über den kommuniziert wird."

„Ich habe es immer als äußerst wichtig empfunden, immer sehr klar zu formulieren, mehr zu erklären als bei persönlichen Gesprächen, da das unmittelbare Feedback fehlt – zum Beispiel über Mimik und Gestik. Durch die Kürze der Formulierung ist außerdem viel Interpretationsspielraum gegeben."

Diese Hypothese kann eindeutig bestätigt werden. Jeder der Befragten bezeichnete die Kommunikation in virtuellen Teams als eine sehr wichtige Angelegenheit. Es wurde als wichtig empfunden, sowohl auf die Formulierung zu achten als auch immer wieder über verschieden Medien die gesendete Nachricht zu wiederholen bzw. auch selbst immer wieder nachzufragen, wenn etwas unklar war.

6 Zusammenfassung

Was sind virtuelle Teams eigentlich?

Diese Frage stand am Anfang dieser Arbeit. Um diese Frage beantworten zu können, wurden die Begriffe Gruppe und Team näher beleuchtet. Es wurde gezeigt, aus welchen Bestandteilen die Teamdefinition besteht, um dann näher auf die einzelnen Bestandteile einzugehen.

Danach wurde der Begriff der Virtualität näher betrachtet, um so die Überleitung zum Begriff des virtuellen Teams zu bewerkstelligen.

Hier hat sich gezeigt, dass diese Virtualität zwei Bedeutungen aufweisen kann:

Einerseits kann es bedeuten, dass virtuelle Teams „nicht wirklich" sind, also dass durch diese Form der Zusammenarbeit eigentlich kein Team entsteht.

Ob dies allerdings tatsächlich so ist, lässt sich nicht so leicht beantworten. Die Ergebnisse der Befragung zeigen auf, dass – sofern es von den Teammitgliedern gewünscht ist – durchaus zur Bildung von sozialen Beziehungen kommen kann. Wobei die Betonung hier sicherlich auf dem Wort „kann" liegt. Denn um dies tatsächlich zu ermöglichen, muss jedes Teammitglied, das derartige Beziehungen aufbauen will, viel Zeit und Geduld aufbringen.

Und selbst dann scheint es von sehr vielen Variablen abhängig, ob sie sich tatsächlich in der gewünschten Richtung entwickeln. Ein weiteres Ergebnis der Befragung ist, dass man ohne jedes persönliche Treffen nicht wirklich soziale Beziehungen aufbauen kann.

Von dieser Sichtweise aus betrachtet kann der Begriff „virtuell" dazu dienen, dieses „das ist eigentlich gar kein Team" darzustellen.

In der Praxis wird der Teambegriff jedoch oft sehr „schnell" benutzt, häufig auch ohne theoretische Grundlage bzw. Blick auf die Teamdefinition – deswegen kann vermutet werden, dass diese Ansicht nicht sehr häufig vertreten wird. Denn wäre dies der Fall, dann dürfte auch die Bezeichnung Team für diese Art der Zusammenarbeit nicht verwendet werden.

Eine kritische Aussage dazu stammt von Monika Frech:

„Der Teambegriff ist in vielen Organisationen zum populären, vielfach aber auch inhaltsleeren Schlagwort verkommen. Jede gruppenähnliche Zusammenkunft wird als Team etikettiert – unabhängig davon, ob die Merkmale für ein Team überhaupt zutreffen und schon gar unabhängig davon, ob die nur in einem Team realisierbaren Vorteile auch nur annähernd realisiert werden." [139]

Häufiger wird virtuell im Zusammenhang mit Teams durch die Art der Zusammenarbeit definiert. Virtuell bedeutet demnach, dass die einzel-

---

[139] Frech, M., „Die Bedeutung von Gruppenarbeit", in Kasper/Mayrhofer (Hrsg.), „Personalmanagement, Führung, Organisation", 1996, S. 296.

nen Teammitglieder räumlich und/oder zeitlich getrennt sind, und deshalb über digitale Medien kommunizieren.

Versucht man, beide Betrachtungsweisen zusammenzufassen, so wäre in der Praxis in vielen Fällen der Begriff „virtuelle Projektgruppe" bzw. „virtuelle Gruppe" zutreffender – eine Gruppe von Personen, die Sach- bzw. Aufgabenzentriert an einem gemeinsamen Projekt arbeiten – und zwar räumlich und/oder zeitlich getrennt – und deren Mitglieder wenig bis keine soziale Beziehungen aufbauen. Doch auch bei einer Gruppe wird regelmäßige face-to-face – Kommunikation vorausgesetzt, und auch dies ist bei virtuellen Teams nicht der Fall.

Diese Unterscheidung scheint jedoch (wie bereits erwähnt) in der heutigen Praxis – abseits von theoretischen Betrachtungen – wenig überlegt zu werden bzw. nicht von Bedeutung zu sein.

Ein Zitat hierzu aus den Befragungen: *„Ich würde heute den Teambegriff weiter fassen, nicht mehr dieses ‚mindestens 80% der Zeit gemeinsam arbeiten', das sich einer Aufgabe verbunden fühlen ist wichtiger für ein Team, das gegenseitige Vertrauen, sich aufeinander verlassen zu können."*

Aus der rein wissenschaftlichen Sicht wäre also, um das noch einmal zusammenzufassen, der Begriff des virtuellen Teams grundsätzlich gerechtfertigt, wenn tatsächlich persönliche Treffen stattfinden, bei denen Beziehungspflege betrieben wird, die dann virtuell fortgesetzt werden kann – und sich durch diese Vorgehensweise tatsächlich diese intensiven sozialen Beziehungen entwickeln. Kritisch anzumerken ist, dass dies bei vielen sogenannten virtuellen Teams in der Praxis jedoch nicht der Fall ist – hier wäre diese Bezeichnung also nicht zutreffend, da soziale Beziehungen eine Voraussetzung für die Bildung von Teams sind.

Von diesem Blickwinkel aus betrachtet wäre dann allerdings auch ein Vielzahl herkömmlicher Teams, die in der wirtschaftlichen Praxis diese Bezeichnung tragen, keine Teams.

Dies soll zwar keine Rechtfertigung sein, mit dem Begriff des virtuellen Teams „achtlos" umzugehen, doch so lange in der Praxis keine Sensibilisierung hinsichtlich des Teambegriffs erfolgt ist, läßt sich die Bezeichnung „virtuelles Team" für die Team-ähnliche virtuelle Zusammenarbeit über räumliche, zeitliche und organisatorische Grenzen hinweg durchaus vertreten.

Wie kann jetzt – am Ende dieser Arbeit – die zu Beginn gestellte zentrale Frage zusammenfassend beantwortet werden?

Die Frage lautete: *„Worauf kommt es bei der Bildung virtueller Teams an – wie sollten derartige Teams organisiert und geführt werden, um ihre Leistungspotentiale ausschöpfen und die Teamziele erreichen zu können?"*

Im Zuge dieser Arbeit konnten zwei wesentlichen Faktoren herausgefiltert werden, welche für die Organisation virtueller Teams von wesentlicher Bedeutung sind.

Diese zwei Faktoren sind:

- die Kommunikation innerhalb des Teams und
- das Vertrauen der einzelnen Teammitglieder ineinander.

Was heißt das konkret?

Der Punkt der Kommunikation spricht all die Bereiche und Instrumente an, die bei der Bildung und Aufrechterhaltung virtueller Teams beachtet werden sollten. Auch in herkömmlichen Gruppen und Teams wird kommuniziert, und auch dort kommt der Kommunikation – und vor allem auch der Interaktion – eine wesentliche Bedeutung zu.

Der große Unterschied ist hier, dass bei virtueller Kommunikation die Bandbreite der Ebenen, auf denen Nachrichten übermittelt werden können, wesentlich eingeschränkt ist.

Die Möglichkeit nonverbaler Kommunikation fällt – mit Ausnahme von persönlichen Treffen – fast gänzlich weg.

Dadurch können mögliche Missverständnisse oder Probleme unter Umständen nicht so schnell erkannt werden. Hier hat sich bewährt, zu Beginn der Zusammenarbeit einige klare Kommunikationsregeln aufzustellen und in späterer Folge sehr „bewusst" zu kommunizieren.

Wichtig scheint hier, eigene Nachrichten eindeutig zu formulieren (und unter Umständen auch auf einem zweiten Kanal zu versenden) und bei empfangenen Nachrichten nachzufragen, ob sie richtig verstanden wurden.

Eine wichtige Rolle kommt hier der Person zu, die diese Kommunikation „regelt". Ob dies nun der Teamleader bzw. Projektkoordinator oder ein neutraler Moderator ist, der nicht in die Aufgabe involviert ist – es schein hier jedenfalls eine Person nötig, die die Einhaltung der Spielregeln überwacht und bei Bedarf auch die Vermittlerrolle in Konfliktfällen einnehmen kann (im Teammanagement-Modell von Margeriso/McCann – siehe S. 16f dieser Arbeit – entspricht dies der Rolle des Linkers.)

Über die Art, wie diese Kommunikation nun in der Praxis organisiert werden sollte, kann hier keine eindeutige Aussage erfolgen – zu sehr ist dies von den jeweiligen Rahmenbedingungen und auch den Einstellungen der Einzelpersonen abhängig.

Eines kann jedoch gesagt werden: Funktioniert die Kommunikation nicht, dann ist es schwierig, den zweiten wichtigen Punkt zu erfüllen – das Aufbauen und Erhalten von Vertrauen innerhalb des Teams.

Dieses Vertrauen spielt eine ganz wesentliche Rolle – und zwar in jeder Art von Team. Ohne Vertrauen sind die meisten Personen auch nicht bereit, soziale Beziehungen aufzubauen, und dann kann auch kein Team entstehen.

Grundsätzlich scheint es so, dass die meisten Personen den anderen eine Art „Vertrauensvorschuss" geben. Wird dieses Vertrauen nicht enttäuscht, so kann auf dieser Basis Beziehungspflege betrieben werden und ein leistungsfähiges Team entstehen.

Und selbst wenn es nicht Ziel der Mitglieder des virtuellen Teams (wobei in diesem Fall die Bezeichnung Team nicht zutreffend wäre – siehe oben) ist, persönliche Beziehungen aufzubauen, so muss zumindest auf sachlicher Ebene Vertrauen gegeben sein – in die Fähigkeiten der anderen und darauf, dass sie im Sinne des Teams handeln.

Wurde das Vertrauen jedoch enttäuscht, so kann dies nur durch sehr viel Zeitaufwand und guten Willen wieder hergestellt werden – und eventuell unter Mithilfe des erwähnten Linkers.

Die Praxis der Teamarbeit in virtuellen Teams scheint – vor allem im Hinblick auf die persönliche Komponente der Zusammenarbeit – aus einem Zusammenspiel dieser beiden Faktoren, ergänzt durch eine Vielzahl weiterer Punkte, zu bestehen.

Wenn man nun rückblickend danach fragt, was das Ergebnis dieser Arbeit ist, so findet man eine ausführliche Auseinandersetzung mit den Begriffen Gruppe, Team und virtuelles Team.

Die Arbeit in virtuellen Teams zu koordinieren scheint kein leichtes Unterfangen zu sein, verbunden mit viel persönlichem Einsatz und zeitlichem Aufwand sowohl der Teamleitung als auch der einzelnen Teammitglieder – doch jede der befragten Personen bezeichnet ihre Erfahrungen mit virtuellen Teams als überwiegend positiv, auch die gestellten Ziele wurden jeweils erreicht.

Somit scheint die Arbeitsform „virtuelles Team" durchaus Berechtigung zu haben und kann auch in Zukunft zur Lösung Raum-, Zeit- und Organisationsübergreifender Aufgaben (unter Berücksichtigung der Grenzen und Schwächen dieser Form der Zusammenarbeit) eingesetzt werden.

Die tatsächliche zukünftige Entwicklung bleibt zu beobachten – vor allem hinsichtlich des Aufbaus sozialer Beziehungen über virtuelle Distanz.

Abbildungsverzeichnis

Literaturverzeichnis

Atteslander, Peter (2000), *Methoden der empirischen Sozialforschung*, Verlag de Gruyter, Berlin – New York, 9., neu bearb. Aufl.

Bühl, Achim (1997), *Die virtuelle Gesellschaft: Ökonomie, Politik und Kultur im Zeichen des Cyberspace*, Westdeutscher Verlag GmbH, Opladen/Wiesbaden.

Drucker, Peter F. (1974), *Neue Management-Praxis. Zweiter Band: Methoden,* Econ Verlag Düsseldorf/Wien.

Duare, Deborah L. / Snyder, Nancy T. (1999), *Mastering virtual teams: Strategies, Tools, and Techniques That Succeed,* Jossey-Bass Inc., Publishers, San Francisco.

Eckardstein, Dudo v. / Kasper, Helmut / Mayerhofer, Wolfgang [Hrsg.] (1999), Management. Theorien – Führung – Veränderung, Schäffer-Poeschel Verlag, Stuttgart.

Forster, Jürgen (1978), *Teams und Teamarbeit in der Unternehmung*, Verlag Hans Huber, Bern.

Frese, Prof. Dr. Erich [Hrsg.] (1992), *Handwörterbuch der Organisation*, Carl Ernst Poeschel Verlag GmbH, Stuttgart, 5. Auflage.

Froschauer, Ulrike / Titscher, Stefan (1984), *Gruppen. Systeme – Prozesse – Funktionen*, Herausgegeben vom Institut für allgemeine Soziologie und Wirtschaftssoziologie an der Wirtschaftsuniversität Wien.

Gaugler, Eduard / Weber, Wolfgang [Hrsg.] (1992*), Handwörterbuch des Personalwesens*, Carl Ernst Poeschel Verlag GmbH, Stuttgart, 2., neubearb. und erg. Auflage.

Haug, Dr. Christoph van (1994), *Erfolgreich im Team. Praxisnahe Anregungen und Hilfestellungen für effiziente Zusammenarbeit*, Verlag C.H. Beck, München.

Haywood, Martha (1998), *Managing virtual teams: practical techniques for high-technology project managers*, Artech Hause, Boston/London.

Homans, George C. (1999), *The Human Group*, Transaction Publishers, New Brunswick, New Jersey, Originally published: London: Routledge and K. Paul, 1951.

Hoyos, C / Frey, D [Hrsg.] (1999), *Arbeits- und Organisationspsychologie*, Psychologie-Verl.-Union, Beltz.

Kasper, Helmut / Mayrhofer, Wolfgang [Hrsg.], (1996), *Personalmanagement, Führung, Organisation*, Wirtschaftsverlag Ueberreuter, Wien, 2. Auflage.

Katzenbach, Jon R. / Smith, Douglas K., (1999), *The Wisdom of Teams. Creating the High-Performance Organization*, HarperColling Publishers, Inc., New York, 2nd edition.

Kieser, Alfred [Hrsg.] (1987), *Handwörterbuch der Führung*, Carl Ernst Poeschel Verlag GmbH, Stuttgart.

Kostner, Jaclyn Ph.D. (1996), *Virtual leadership: secrets from the round table for the multisite manager*, Warner Books, Inc., New York.

Lamnek, Siegfried (1995), *Qualitative Sozialforschung. Band 1: Methodologie*, Psychologie Verlags Union, Beltz, 3., korrigierte Auflage.

Lamnek, Siegfried (1995), *Qualitative Sozialforschung. Band 2: Methoden und Techniken*, Psychologie Verlags Union, Beltz, 3., korrigierte Auflage.

Lipnack, Jessica / Stamps, Jeffrey (1997), *Virtuelle Teams: Projekte ohne Grenzen; Teambildung, virtuelle Orte, intelligentes Arbeiten, Vertrauen in Teams*, Wirtschaftsverlag Carl Ueberreuter, Wien/Frankfurt.

Nagl, Doris (1997), *Gefährdet die Dezentralisierung durch Teleworking die innerbetriebliche Kohäsion?*, Diplomarbeit der Wirtschaftsuniversität Wien.

Pelz, Jan (1995), *Gruppenarbeit via Computer: sozialpsychologische Aspekte eines Vergleichs zwischen direkter Kommunikation und Computerkonferenz*, Europäischer Verlag der Wissenschaften/Frankfurt am Main.

Phillips, Graham / Keatman Martin (1995), *Artus: Die Wahrheit über den legendären König der Kelten*, Wilhelm Heyne Verlag GmbH & Co. KG, München.

Prechtl, Doris (1999), *Team-Potential-Analyse (TPA). Erfolgsfaktoren der Teamarbeit in lernenden Organisationen der Wirtschaft*, Herbert Utz Verlag – Wissenschaft, München.

Rosenstiel, Lutz von (2000), *Grundlagen der Organisationspsychologie: Basiswissen und Anwendungshinweise*, Schäffer-Poeschel Verlag Stuttgart, 4., überarbeitete und erweiterte Auflage.

Rosenstiel, Lutz von / Molt, Walter / Rüttinger, Bruno (1983), *Organisations-Psychologie*, Verlag W. Kohlhammer: Stuttgart, Berlin, Köln, Mainz, 5., völlig neu bearbeitete Auflage.

Schein, Edgar H. (1980), *Organisationspsychologie*, Betriebswirtschaftlicher Verlag Gabler, Wiesbaden.

Scholze-Stubenrecht, Dr. Werner [Red. Bearb.] (1997*); Duden, Fremdwörterbuch* / hrsg. und bearb. vom Wissenschaftlichen Rat der Dudenreaktion, 6., auf der Grundlage der amtlichen Neuregelung der deutschen Rechtschreibung überarb. und erw. Auflage – Mannheim; Wien; Zürich: Dudenverlag.

Staehle, Wolfgang H. (1999), *Management. Eine verhaltenswissenschaftliche Perspektive*, Verlag Franz Vahlen, München, 8. Auflage.

Tsunetomo, Yamamoto (um 1716), *Hagakure – Der Weg des Samurai*, Deutsche Übersetzung von Guido Keller (1999), Angkor Verlag Keller, Frankfurt.

Weber, Wolfgang G. (1997), *Analyse von Gruppenarbeit: kollektive Handlungsregulation in soziotechnischen Systemen*, Verlag Hans Huber, Bern, 1. Auflage.

Anhang

1. Schritt: Zuordnung der Antworten zu den einzelnen Fragen (teilweise überschneiden sich antworten bzw. sind nicht klar einer einzigen Frage zuordenbar):

1. Was verstehen Sie unter einem virtuellen Team?

„Leute, die sich manchmal treffen (oder auch nicht), die über geopgraphische und zeitliche Grenzen hinweg (teilweise) miteinander arbeiten."

„Virtuelle Teams haben für mich folgende Merkmale: Sie verfolgen eine gemeinsame Aufgabe bzw. arbeiten an einem gemeinsamen Projekt, sie sind räumlich voneinander getrennt, sind untereinander über die ganzen Kommunikationsmöglichkeiten vernetzt und verfügen über ein Zusammengehörigkeitsgefühl im Hinblick auf die Erfüllung der Aufgabe. Die Aufgabe muss nicht unbedingt ein Projekt sein, es kann sich auch um eine langfristige Routineaufgabe handeln – das gemeinsame Erfüllen ist wichtig."

„Für mich sind das Teammitglieder, die ... es gibt ja die Teamdefinition: Gemeinsames Projekt, zeitlich befristet, die Kommunikation erfolgt virtuell."

„Die haben bei mir den ... die Teammitglieder arbeiten nicht immer am selben Ort, haben nicht immer face-to-face Kontakt, es besteht sowohl wirkliche räumliche Trennung als auch – zumindestens sehr oft – kulturelle Unterschiede."

„*Das können Leute sein, die sich gar nicht persönlich kennen und die über elektronische Medien (Telefon, Computer, E-Mail) kommunizieren, aber es gibt natürlich auch andere Medien – so gewisse Schwingungen – die über andere Medien kommuniziert werden müssen. Bei so einem Team kann es auch sein, dass man gar nicht weiß, wieviel da drinnen sind. Es kann da eine begrenzte Anzahl geben, aber es kann auch unbegrenzt sein. Wichtig ist, dass Teams an gemeinsamen Zielen arbeiten.*"

„*Das ist eine Zusammenarbeit von Leuten, die nicht an einem Ort sind, über E-Mail, Telefon oder ähnliche Medien kommunizieren und sich im Idealfall ein- bis zweimal im Jahr persönlich treffen.*"

„*Das sind Leute die, über moderne Kommunikationsmittel verbunden, gemeinsam an einem Projekt arbeiten.*"

„*Das ist ein Team von Menschen, die ausschließlich über Internet zusammenarbeiten, um eine konkrete Fragestellung / ein konkretes Thema zu bearbeiten. Da in den meisten Fällen die räumliche und zeitliche Distanz zu groß ist, um sie zu überwinden, gibt es keine persönlichen Treffen.*"

2. Welche Art von Erfahrung haben Sie mit virtuellen Teams gemacht bzw. machen Sie gerade? In welchem Kontext konnten
Sie virtuelle Teams kennenlernen?

*„Ich bin Projektmanager und Transaktionsanalytiker und habe
bei verschiedenen Informatikprojekten mit virtuellen Teams gearbeitet und arbeite noch damit."*

*„Ich konnte sie in ganz verschiedenen Kontexten kennenlernen,
z.B. im Moment gerade bei einem Forschungsprojekt, bei dem
wir international zusammengearbeitet haben. Ich habe Mitarbei-
terinnen, die auf Distanz mit mir zusammenarbeiten, wo die
Kommunikation über Telefon, Fax und E-Mail funktioniert und wir
uns zwischendurch zeitweilig treffen."*

*„Sowohl als Forscher als auch praktisch. Ich habe wissenschaft-
liche Artikel mit anderen zusammen geschrieben – da haben wir
uns einmal getroffen und dann nur über E-Mail kommuniziert. A-
ber ich mache auch bei verschiedenen Datenbankprojekten ü-
bers Internet mit. Von der Teamgröße her sind das meistens 3-4
Leute, manchmal sind wir auch nur zu zweit."*

*„Ich arbeite im Moment gerade daran, mit internen Organisati-
onsberatern zusammen ein Kompetenzcenter bei uns im Unternehmen aufzubauen. Wir haben gemeinsame Interessen, ein
gemeinsames Ziel, wir wollen ein gemeinsames Rüstzeug für
alle schaffen."*

*„Ich habe positive und negative Erfahrungen mit virtuellen
Teams gemacht. Positiv ist, dass man überhaupt mit so vielen
Leuten an verschiedenen Orten an einem Thema arbeiten kann*

und die Gedanken austauschen kann. Es sind dadurch alle auf einem relativ gleichen Stand der Bearbeitung der Frage, man kann in kurzer Zeit zu einem Ergebnis kommen. Negativ ist für mich, dass der persönliche Kontakt zu kurz kommen kann. Man braucht auf jeden Fall ein großes Vertrauensverhältnis. Man muss wissen, dass der andere das wirklich kann, die Zeit dafür hat und daran arbeitet. Manchmal ist Vertrauen aber auch etwas, das ohne Begründung da sein kann, wenn man den anderen nicht so genau kennt, und da muss man seine Anforderungen dann klar rüberbringen. Ich habe früher zum Beispiel überhaupt nicht gern telefoniert, und irgendwo muss man dann aber doch – und diese Schwelle, übers Telefon zu kommunizieren, ist immer noch vorhanden. Und ich glaube, dass das beim Computer auch bei vielen Leuten so ist. Da geht auch viel an so anderen Kommunikationselementen verloren."

„Ich habe da in einem Projekt mitgearbeitet, das so organisiert war, hab das aber auch schon Netzwerkartig erlebt – wobei das eher nur für inhaltlichen Austausch gedacht ist."

„Ich arbeite in Teams, die über Europa verstreut sind, allerdings nicht in ‚unpersönlichen' Teams. Die Telekommunikation ist nur ein Hilfsmittel, sie ersetzt nicht die persönlichen Treffen."

„Ich arbeite in zwei virtuellen Projekten – ein Forschungsprojekt zum Thema ‚Virtuelle Projekte – kann man rein virtuell eine wissenschaftliche Fragestellung bearbeiten?' und an der Erarbeitung eines Simulationsmodells zum Thema Urbanisierung."

3. Welche Art von Projekten bzw. Aufgaben wurden dem/den virtuellen Team(s), das/die sie kennenlernen konnten, übertragen?

„Software-Implementierung bei Kunden, in den unterschiedlichsten Rollen: Als Entwickler an einem Standort, Marketingleute und Projektleute sind vor Ort beim Kunden – die zusammen lösen das Problem bzw. die Aufgabe."

„Wie schon erwähnt, einerseits die Sache mit dem Kompetenzcenter. Aber ich arbeite auch in einem Projekt zur Softwareentwicklung. Da gibt es eine konkrete Aufgabe, wir arbeiten mit einer anderen Firma, die in den USA ist, zusammen. Wir haben eine reine Projektorganisation eingeführt, ich habe hier die Projektleitung, persönlich kenne ich nur den Projektleiter ‚drüben‘ in Amerika."

4. Wurden die vorgegebenen Ziele von dem virtuellen Team erreicht? Wie wurden diese Ziele definiert?

„Wir haben die Strategie virtuell abgestimmt, die Zielfindung erfolgte virtuell. Ganz zu Beginn hatten wir ein persönliches Treffen. Den groben Fahrplan haben wir, wie gesagt, vorher virtuell festgelegt, beim ersten persönlichen Treffen hat jedes Land dann seinen Beitrag herausgearbeitet. Da sind wir draufgekommen, dass das nicht zusammenpaßt, dass es noch kein klares gemeinsames Ziel gibt. Jeder hat anders gedacht, Begriffe wurden unterschiedlich verwendet und anders ausgelegt. Deshalb haben wir die Ziele danach noch untereinander per E-Mail abgestimmt. Aber jeder hat eigenständig seinen eigenen Part des Projekts bearbeitet."

„Die Ziele waren unausgesprochen, waren eigentlich allen klar: Bis Ende des Jahres muss es fertig sein, danach erfolgt die Zielüberprüfung."

„Zu Ziele gehört die kulturelle Komponente – es gibt Kulturen, wo man viel Kontext braucht, es gibt Kulturen, wo man wenig Kontext braucht. Einem Inder muss ich weniger erklären, einem Schweizer mehr. Ich muss immer überprüfen, ob meine Annahmen auch für die anderen stimmen."

„Die inhaltlichen Schritte standen klar fest, da war nichts daran zu rütteln. Wieviel Phasen es gibt, was in welcher Phase zu erfolgen hatte – ich hab aber auch immer alles, das sich geändert hat allen kommuniziert – wir haben dann gemeinsam überlegt wie wir damit umgehen können, wie wir weiterarbeiten können. Beim ersten persönlichen Treffen hat sich herausgestellt, dass die Ziele aber falsch verstanden wurden. Danach haben wir

dann die Ziele klar formuliert, das bedurfte aber auch einer ständigen Wiederholung. Was war unser Ziel, wie haben wir das verlassen, können wir Unterziele umdefinieren. Es ist aber bei virtuellen Teams für den Koordinator schwierig, da dahinter zu sehen – womit arbeitet ihr, was habt ihr für Unterlagen – ich bekam dann immer nur die Ergebnisse. Da könnte man organisatorisch viel mehr Maßnahmen treffen – wir haben nur Daten hin und her geschoben, wir hatten nicht alle den gleichen Datenzugriff. Und jetzt versuchen wir als Abschluß eine CD zu machen, wo alle Ergebnisse oben sind – da merkt man auch eine andere Struktur im Kopf über die verschiedenen Vorstellungen der Organisation dieses Projektes."

„Die einzelnen Teammitglieder/Länderteile haben ihre Ziele separat bearbeitet, bei den persönlichen Treffen haben wir dann alles zusammengefügt und weitere Ziele festgelegt bzw. die Weichenstellungen getroffen. Die Weiterbearbeitung erfolgte dann wieder virtuell. Die Zielsetzung funktionierte allerdings nicht immer, es gab da so etwas wie eine ‚kreative Unschärfe‘, die ich jetzt allerdings nicht mehr als Nachteil empfinde. Beim nächsten Treffen haben wir dann wieder die Ergebnisse verglichen und abgestimmt. Man könnte sagen, aus den einzelnen Blöcken wurde eine Mauer gebaut. Noch eins – je größer die Teams, um so schlechter funktioniert dieses System – ich würde sagen, bis 6-7 Teammitgliedern funktionierts."

„Bei uns waren die Ziele von Anfang an vorgegeben, aber es entstanden ‚fachliche Seitenäste‘, wenn zum Beispiel einer schon was zu dem Thema hatte. Bei der Zielformulierung haben

*wir dann wochenlang die unterschiedlichen Begriffe definiert, das
war wichtig für die Arbeit."*

5. Wie wurde das virtuelle Team „gegründet"? Welche Rahmenbedingungen waren für dieses Team gegeben (Teamgröße, Möglichkeit von persönlichem Kontakt, Zeitspanne der Teamarbeit, Rollenverteilung, ...)?

„Das Kernteam bestand aus 5 Personen, als Projektpartner hatten wir noch ungefähr 15 andere. Unser erstes Treffen war ein 1-tages-Seminar, wo jeder sachlich seine Inhalte vorgestellt hat – das war aber ein Fehler – dieses Treffen war im Dezember. Das zweite Treffen war dann im März, das hat 3 Tage gedauert. Am ersten Tag haben wir die Feinjustierung gemacht, danach 2 Tage Beziehungspflege, da haben wir uns kennengelernt und danach war die Motivation da. Die Feinabstimmung war konfliktträchtig, nach dem zweiten Treffen ist es persönlicher geworden, man hat den anderen besser einschätzen können – da war dann weniger die Angst, wie der andere reagiert, wenn ich etwas gegen seine Meinung sage. Das wechselseitige Vertrauen ist aufgebaut worden."

„Das Projekt war ein Auftragsprojekt von einer Organisation, die Zusammenstellung erfolgt aus der Notwendigkeit heraus. Es war eine Vorgabe von Leuten gegeben, auch ein paar Ansprechspersonen. Wir hatten auch die Möglichkeit zu persönlichen Treffen. Meistens waren wir zu zweit, zwei mal war das ganze Team zusammen. Da haben wir dann Entscheidungen getroffen, die nur an einem Tisch möglich sind. Das wäre virtuell zu komppliziert. Die Treffen waren rein aufgabenorientiert, ohne sie wäre es nicht gegangen."

„Die meisten Teams entstehen aufgrund der Aufgabe. Teambildung wurde nur einmal gemacht. Wir konnten uns persönlich

kennenlernen, es war eine Art warm-up, damit das Projekt bes-
ser läuft. Wenn die Chemie paßt, dann schweißt so etwas das
Team von Anfang an zusammen. Die Rollen wurden an den
Kompetenzen aufgehängt, das wurde zu Beginn ausgemacht
bzw. aufgeteilt, Verschiebungen erfolgten aufgrund zeitlicher
Delegation."

„Es ist schon so, dass wir zum Beispiel auch die Verortung der
Teams, wo die sitzen, bewußt gewählt haben, und dass da dann
auch die Erfahrung aus diesen Umfeldern – den Tätigkeitsfel-
dern und den kulturellen Umfeldern – mit einfließen können. Die
Arbeitsform muss immer eine Kopplung sein von virtuell und re-
al. Wir haben vier regelmäßige Arbeitstreffen gehabt, und wir
haben immer wieder gemerkt, dass das notwendig ist."

„Da es ein EU-Forschungsprojekt war, waren die Rahmenbedin-
gungen vorgegeben. Es war die Mindestpartnerzahl vorgegeben,
pro Land gab es einen Ansprechpartner. Auch die Anzahl der
persönlichen Treffen stehen zu Beginn fest, das Minimum waren
zwei pro Jahr. Es gab immer ein 3-4tägiges Auftaktmeeting, bei
dem die grobe Vision und die Leitlinien festgelegt wurden. Der
Vorlauf erfolgte virtuell, maximal 2-3 Personen waren dabei fe-
derführend, der Rest der Zeit wurde zur Verfeinerung genutzt.
Auch der Kommunikationsraster wurde vorher aufgestellt, z.B.
gibt es eine gemeinsame Homepage als Kommunikationsinstru-
ment – wenn ja, wie ist das geregelt?"

„Wir haben die entsprechenden Teammitglieder übers Internet
gesucht – wo gibt's Leute, die sich mit dem Thema auskennen.
Die haben wir dann kontaktiert und ihnen die Fragestellung mit-
geteilt, und die haben dann gesagt, ob sie interessiert sind. Un-

ser Kernteam war in Innsbruck, da hat es einen Workshop und auch weitere persönliche Treffen gegeben."

6. Welche Aussagen können Sie zur Kommunikation zwischen den Teammitgliedern treffen? Wie war diese organisiert, welche Effekte waren zu beobachten?

„Grundsätzlich kann jeder mit jedem kommunizieren, aber es gibt auch noch Schnittstellen. Man ist räumlich getrennt, dann kommt noch die Fremdsprache hinzu, dann unterschiedliche Zeitzonen, dann kommt die Kulturdimension. Die Kommunikation lief hauptsächlich über E-Mail. Ich persönlich habe begonnen, mich auf den Stil der anderen einzustellen. Ich halte es mit E-Mails so: Was ich nicht ausdrucken würde, unterschreiben und wegschicken, das versende ich auch nicht als E-Mail. Da sollte man klare Kommunikationsregeln haben. Es gibt da auch sowas wie 95 Thesen übers Internet – das sei wie eine eigene Sprache, da muss man sich einfach im klaren sein, dass dieser zum Teil schnodrige Stil ... man kann über E-Mail sehr schnell Streit haben. Ich lasse emotionale E-Mails auch mal eine nacht liegen oder zeige sie Kollegen um herauszufinden, was sie dazu meinen – denn ein Mail ist schnell geschrieben. Der Punkt ist, dass man klar darüber redet – ich finde es auch komisch wo ich sehe, dass der Absender es sich nicht mal durchgelesen hat – soviel Zeit muss einfach sein. Dazu kommen noch die Bandbreitenprobleme: Wenn wir uns gegenüber sitzen haben wir das ganz Paket an Kommunikationsmöglichkeiten, und je weniger wir haben, desto sensibler muss man mit dem Kanal umgehen, über den kommuniziert wird."

„Ich habe es immer als äußerst wichtig empfunden, immer sehr klar zu formulieren, mehr zu erklären als bei persönlichen Ge-

sprächen, da das unmittelbare Feedback fehlt – zum Beispiel ü-
ber Mimik oder Gestik. Man muss E-Mails viel sensibler lesen,
um Mißverständnisse zu vermeiden. Man muss da sehr aufpas-
sen, da sehr viel Emotionen weitergeschickt werden können, die
aus dem Bauch kommen. Durch die Kürze der Formulierung ist
viel Interpretationsspielraum gegeben; kritische Situationen werden telefonisch geklärt. Wir hatten eine Schnittstelle in jedem
Land, über die ist die Kommunikation gelaufen. Es war auch hilfreich für das Projekt, Anerkennung in Form von E-Mails zu ver-
schicken. Unsere Projektkoordinatorin hat aber sicher einen eigenen Führungsstil gehabt, sie hat uns sehr viel Eigenverantwortung überlassen. Am Anfang haben wir gemeinsam vereinbart, was wir wollen, dann sind wir den Weg alleine gegangen.
Ich denke, es fordert von den einzelnen Teammitgliedern, dass
sie die Kommunikation aufrecht erhalten und dass sie mit dem
gesamten Team in Kommunikation stehen. Die Projektleiterin hat
sehr sensibel reagiert und sehr schnell wahrgenommen, wenn
etwas im Busch ist. Sie hat zum Teil Leute wieder zusammen-
geführt, wenn sich die Leute auch noch nicht gekannt haben, hat
ihnen die Schiene gelegt; hat aber trotzdem viel auf Eigenverantwortung gesetzt."

„Wir haben zu Beginn zwar Kommunikationsregeln festgehalten,
aber darin spielten weniger die zu verwendenden Medien eine
Rolle – da haben wir eher auf die Inhalte geschaut."

„Wir haben versucht, das in den Verträgen zu regeln, wer wie mit
wem kommuniziert. So ganz funktioniert hat das allerdings nicht
immer."

„Zu Beginn wurde gesagt, wer miteinander kommuniziert, Meilensteine wurden zu Beginn festgelegt, auch die Art und Anzahl persönlicher Treffen. Es gab ganz klare Kommunikationswege – das hat sich gut bewährt, nur die Kommunikation hat sich im Lauf der Zeit ein bißchen verschoben."

„Bei uns gab es eine Kommunikationsschnittstelle nach New York. Die Informationen wurden gezielt weitergegeben – kleinere Kommunikation wird direkt erledigt, die gröberen Sachen laufen über die Schnittstelle. Diese Organisation hat sich im Zuge des Projekts herausgestellt und wurde entsprechend rigide geändert. Noch was ... Voice-Mail und Telefon ist wichtiger für uns als E-Mail."

„Ich habe versucht, als Projektleiterin offene Strukturen reinzubringen. Ich bin für die gesamte Organisation verantwortlich, dann gibt's noch eine Person in jedem Land für die Kommunikation mit den anderen. Ich habe in den Verträgen festgehalten: Diejenigen sind verantwortlich für Kommunikation, ich wollte einen fixen Ansprechpartner in den Ländern haben, dass dann auch die Kommunikation über sie gelaufen ist hat sich irgendwie ergeben. An positiven Effekten konnte ich beobachten, dass zum Beispiel sehr oft zum Telefon gegriffen wurde, vor allem zwischen Österreich und Deutschland, wenn bei einem E-Mail der Anschein war, den Satz verstehe ich nicht richtig, dann haben wir gleich nachgefragt. Bei E-Mail-Kommunikation habe ich bewußt versucht, verschiedene Ebenen einzulegen – zuerst die fachliche ebene, dann hab ich auch persönliches nachgefragt – das war aber auch optisch deutlich voneinander abgesetzt."

„Die zentrale Kommunikation erfolgte über Internet und E-Mail, das Ablaufschema war im Internet auf der Homepage für alle zugänglich. Dann haben wir noch einen Moderator eingeführt, der die Leute motivieren und Querverbindungen herstellt. Der wurde leider krank und mußte aussteigen, deshalb haben wir dann eine fiktive Projektpartnerin eingeführt. Wir nannten sie Elvira, eine hübsche spanische Studentin, wir haben für sie eine eigene E-Mail-Adresse eingeführt mit einem Foto. Das war aus unserer Sicht hilfreich für die Stimulation der Kommunikation. Die gesamte Kommunikation und Moderation von Elvira wurde von uns, den Projektleitern, geführt. Das führte zum Teil zu interessanten Situationen, wenn sich Teammitglieder über uns, die Projektleiter, bei Elvira beschwert haben und wir dann antworten mußten. Das haben wir deshalb gemacht, weil wir es als Notwendigkeit erachtet haben, ein derartiges Team durch einen Moderator zu unterstützen. Dies war vor allem auch deshalb nötig, da die Teammitglieder sich nie persönlich trafen. Ansonsten erfolgte die Kommunikation rein sachlich, nur ganz selten gab es Querverbindungen zwischen den Partnern, aber auch dann nur ganz wenig. Ganz selten kam Kritik, denn niemand wollte sich wirklich positionieren, sich eine Blöße geben. Wenn viel kommuniziert wurde, dann entstand so etwas wie eine Beziehung, allerdings nicht auf persönlicher Ebene – Beziehungen leben eigentlich von der Gegenwart. Virtuell fallen bei der Kommunikation auch gesellschaftliche Barrieren weg – vor allem hierarchisch."

7. Welche Bedeutung messen Sie dem Vertrauen der Teammitglieder ineinander bei? Was verstehen Sie in diesem Zusammenhang unter Vertrauen?

„Vertrauen ist meine Bereitschaft, mögliche Verletzungen einzugehen – dass ich mich öffne, dass ich verletzbar werde. Vertrauen ist der Schlüssel zu allem, ohne Vertrauen geht nichts. Nimm ein sogenanntes Team, laß es virtuell arbeiten, und du wirst sehen, ob es wirklich ein Team ist. Ein gutes Team hat dieses Vertrauen und funktioniert auch virtuell – aber vieles, das als Team bezeichnet wird, ist dann doch keines. Vertrauen ist da oder ist nicht da: Erster Auftritt, erstes Erlebnis, da kann man nicht genau sagen, was da abläuft. Das ist der erste Kontakt, den man mit einem hat ... der ist entscheidend. Ich habe zum Beispiel jetzt ein Mail gekriegt und hab das Gefühl, mit diesem Menschen kann ich arbeiten, obwohl ich ihn noch nie gesehen habe. Man kann Vertrauen erhalten oder es kann sich bestätigen, aber es braucht ein persönliches Treffen – man muss es pflegen. Es gibt in der Literatur ein Beispiel, dass man ein log-of-trust macht – dass man immer kuckt, ob irgend etwas ist, das Vertrauen gefährdet, und dass du die anderen nicht hängen läßt – denn wenn einer wegtaucht hat man das Problem, diese Leute wieder zu erreichen. Dafür hat der Projektleiter zu sorgen. Je schmaler die Bandbreite, desto aufwendiger wird es. Wenn du ... telefonieren geht relativ schnell, wenn wir jetzt schreiben würden, dann könnte das schneller gehen – wir könnten ja auch morsen."

„Vertrauen ist Grundvoraussetzung, wenn das nicht da ist, kannst du nicht arbeiten. Es kann durch sehr viel Kommunikation auf der Beziehungsebene aufgebaut werden. Auch bei E-Mails, beim Inhaltsaustausch, sollte man offen die Beziehungsebene ansprechen. Auch wenn man immer wieder darauf hinweist, warum man anderer Meinung ist, warum die eigene Meinung im Sinn des Projektes ist, kann dies hilfreich sein. Wichtig ist auch Transparenz. Transparenz von der Projektleiterin, das finanzielle muss am Anfang ganz klar am Tisch liegen. Unter Beziehungspflege kann man auch verstehen, wenn man persönliche E-Mails schreibt oder genau den eigenen Standpunkt / die eigene Meinung erklärt. Den anderen als Mensch wahrnehmen, das ist ein wichtiger Teil der Kommunikation."

„Vertrauen ist sehr wichtig, es waren bei uns Mißtrauenssachen vorhanden. Die andere Firma, mit der wir zusammenarbeiteten, hat Dinge nach außen verkauft. Wir hatten den Eindruck, dass uns die über den Tisch ziehen. Das Projekt steht jetzt vor dem Abschluß, aber wir wollen intern nicht mehr zusammenarbeiten. Da kommen Aussagen wie ‚die kriegen so viel Geld dafür, leisten die eigentlich auch entsprechen?'. Bei den Sitzungen gab es oft Unstimmigkeiten, da ein Partner nur bei den Sitzungen dabei war, aber nicht im Projekt dabei. Er hat den Auftraggeber gebracht und hatte nach Außen hin die Verantwortung. Bei den Sitzungen hat er aber nur Ideen eingebracht, die für uns mit Arbeit zu tun hatten – das wurde dann aber auch ausgesprochen und die Ideen abgelehnt."

„In manchen realen Teams sind Freundschaften schon über zehn Jahre gewachsen, da war Vertrauen da, aber das muss auch zwischen den anderen Mitgliedern aufgebaut werden. Für mich sind persönliche Treffen wichtig, um dieses Vertrauen aufzubauen. Man muss sich unbedingt treffen und sehen ... es könnte auch ohne persönliche Ebene gehen, aber ich glaube, dann geht dem Projekt auch ganz viel verloren. Ich denke, auch in der Industrie ist das nicht möglich, dass so etwas dann zerfällt, das soll ja auch langwierig genutzt werden. Bei den Treffen ist es vielleicht sogar wichtiger, Vertrauen aufzubauen, als die Ergebnisse abzugleichen – viel wichtiger ist da vielleicht ein kleines A-bendprogramm, kleines Schwätzchen und so, gemeinsame Erlebnisse zu schaffen."

„Für mich ist Vertrauen die Übereinstimmung in wesentlichen Punkten, eine ähnliche Betrachtungsweise der Dinge. Vertrauensvermindernd ist, wenn es immer wieder Widersprüche gibt – grobe Differenzen wirken vertrauensmindernd."

„Vertrauen ist total wichtig. Man muss die Teilnehmer kennen und einschätzen können, um zu wissen, wie eine Nachricht aufgefaßt wird. Ich schreibe deshalb zum Beispiel keine Sammelmails mehr. Ich kann es mir derzeit auch nicht vorstellen, in so einem Team ohne persönliche Treffen zu arbeiten – ich würde es vermeiden, unter solchen Bedingungen zu arbeiten."

„Vertrauen halte ich für total wichtig. Man geht das Vertrauen ein, wenn ich das schicke, geht der andere so damit um, wie es notwendig ist – er ‚stiehlt' mir auch nichts. Ich gebe immer einen Vertrauensvorschuß. Ist das Vertrauen erst mal zerstört, kann man es durch viel einfühlsame Kommunikation wieder aufbauen – da braucht es viel guten Willen von beiden Seiten."

8. Welcher Bedeutung kommt dem Teamleader in einem virtuellen Team zu?

„Bei uns war das in erster Linie per Definition eine Person, dann aber erfolgte eine Lösung von der Führungsperson aufgrund der Kompetenzen. Durch die Kommunikationsschnittstelle war die Rolle des Teamführers auch die einer Drehscheibe – das ging sehr gut über die ‚cc'-Funktion."

„Bei uns gab es einen Teamführer – das war ein Verantwortlicher, der aufgrund der Rollenbeschreibung eingesetzt wurde. Es gab aber keine großen Unterschiede zum Führer eines herkömmlichen Teams."

„Als Projektleiter ist man da ständig präsent – man ist ja durch den Computer ständig ansprechbar. Ich hab gemerkt, wie das zu Beginn meine Tageseinteilung gestört hat, da mußte ich mir selber einen Rhythmus finden, nicht alles sofort beantworten. Ich hab vorher aber auch nicht viel mit E-Mail gearbeitet. Wichtig war mir als Koordinatorin, nicht immer in einer abgehobenen Form das zu machen, sondern dass wir alle auf einer Ebene sind – nicht so eine Arbeitgeber/Arbeitnehmer-Virtualität sollte auftauchen. Ich hab auch viel mehr Zeit verwenden müssen, als ich vermutet habe, um das Team am laufen zu halten. Ich war auch inhaltlich sehr interessiert, hab mich da aber zurückhalten müssen."

„Ein Teamleiter braucht auf jeden Fall ein gutes Sprachgefühl. Ein normaler Leiter hat mehrere Kanäle, um die Koordinationsfunktion wahrnehmen zu können. Der Infofluß sollte über ihn laufen, er sollte im Zentrum sein."

„*Ein Teamleiter muss die Kompetenzen festlegen, die Aufgaben verteilen und kontrollieren. Außerdem sollte er Probleme und Konflikte lösen. Wie schon gesagt, wir haben da zwei verschiedene Führer bzw. Führungsrollen eingeführt: Die fachliche Leitung und den Moderatorposten. Vor allem die Rolle des Moderators sollte klar kommuniziert werden, das ist aber leider nicht ganz gelungen.*"

9. Würden Sie, zusammenfassend, Ihre Erfahrungen mit virtuellen Teams eher als positiv oder eher als negativ bezeichnen? Warum?

„Grundsätzlich positiv. Man lernt neue Leute kennen, andere Arbeitsweisen und auch andere Horizonte."

„Da kann ich nur sagen, ich hab ausgesprochen positive Erfahrungen gemacht."

„Äußerst positiv, ich würde auch weiterhin so arbeiten."

„Das Gesamturteil ist positiv. Es gibt noch Schwachstellen, z.B. die Kommunikation. Wenn es um ein konkretes Ziel, einen konkreten Auftrag geht, dann ist diese Teamorganisation von Vorteil."

„Mehr positiv als negativ, aber anders wäre so ein Projekt nicht zu bewältigen gewesen. Diese Teamorganisation ist auch kulturverbindend, das spezifische kriegt man zwar durch das virtuelle nicht so mit, aber andererseits hätte ich vieles nicht so wahrgenommen."

„Da gibt es positives und negatives. Wenn man dann ein Mail kriegt: 'Ich finde es schade, dass ihr nicht um die Ecke seits!'. Die räumliche Distanz habe ich als negativ erlebt, außerdem ist eine gewisse technische Versiertheit nötig. Man vermittelt eine Nähe, die nicht besteht. Positiv ist, dass die Kommunikation schnell geht . Allerdings wirkt die Kommunikation dadurch leichter, als es dann persönlich ist – dadurch kann vieles untergehen bzw. zerredet werden. Die Info kann zu viel oder zu wenig sein. Es wird verhindert das anzusprechen, worum es wirklich geht.

Wer sich schriftlich nicht gut ausdrücken kann, wird auch hier benachteiligt. Und die Gruppendynamik fällt weg. Eine konkrete Zusammenarbeit ist doch was anderes. Dieses ‚Zusammensitzen' fehlt, da kann einiges nicht passieren bzw. thematisiert werden."

„Ich habe da keine negativen Erfahrungen. Virtuelle Teams sind eine sinnvolle Ergänzung, eine enorme Zeitersparnis. Viele Dinge erledigen sich dadurch, dass man keine Gelegenheit zu reden hat. Wenn man sich besser kennt, funktioniert auch die virtuelle Kommunikation besser. Gewisse Kommunikationsspielregeln sollten auf jeden Fall zu Beginn aufstellt und niedergeschrieben werden."

„Ich empfinde meine Erfahrungen als sehr positiv, habe viel gelernt und viel interessanten Input bekommen. Es war auch interessant, viele Leute kennenzulernen. Allerdings hat das rein virtuelle arbeiten auch Grenzen und sollte nicht zu lange dauern. Regelmäßige persönliche Treffen wären auf jeden Fall hilfreich."

10. Falls sich für Sie noch einmal die Möglichkeit ergibt, in einem virtuellen Team mitzuarbeiten – würden Sie sie nutzen?

„Ich für mich persönlich finde virtuelle Teams interessant, ich möchte in Zukunft zwar nicht nur in virtuellen Teams arbeiten ... die Verhältnisse müssen stimmen – wenn ich in 5 virtuellen Teams bin und keine persönlichen Kontakte habe wird's schwierig, wenn ich einen guten Mix habe, dann ist das durchaus interessant."

„Das ist vom Projekt, von der gemeinsamen Aufgabe abhängig, was da gemeinsam verwirklicht werden soll, ob es eine gemeinsame Basis gibt. Wenn ich ein und das selbe Projekt mit den selben Voraussetzungen entweder virtuell oder in einem festen Team durchführen könnte, dann würde ich mich unter Umständen sogar für das virtuelle Entscheiden, da es mir mehr Freiraum gibt. Allerdings unter der Voraussetzung, dass man nicht nur rein virtuell ist, sondern auch gewisse Treffen hat, und dass man in den einzelnen Phasen auch eigenverantwortlich arbeiten kann."

„Ja, würde ich. Allerdings mache ich das schon abhängig von der Erfahrung, die ich mit dem Team bzw. den Teammitgliedern gemacht habe. Inhaltlich ist es leichter, sich kennen zu lernen, aber die persönliche Komponente ist auch sehr wichtig."

„Ja, ... und ich würde auch nichts anders machen. Bei uns hat das gut so funktioniert."

„Ja. Einiges würde ich allerdings schon anders machen. Wir hatten ja überhaupt keine persönlichen Treffen – das würde ich ändern, wenn's möglich wäre. Auch die Moderation würde ich besser gestalten – und die Zeitplanung für die virtuelle Arbeit sollte

detaillierter sein. Wichtig ist aus meiner Sicht auch, dass man den Koordinationsaufwand berücksichtigt – das ist doch mit mehr Aufwand verbunden als sonst."

2. Schritt: Welche Aussagen zu virtuellen Teams wurden noch getroffen, die nicht direkt in das Schema des Interviewleitfadens passen?

„Wenn man ein Meeting hat mit einem Native-Speaker hat, dann haben die Non-Native-Speaker eine Gemeinsamkeit, das ist zum Beispiel ein kulturelles Problem, dass Amerikaner oder Engländer nicht realisieren, dass wir in einer Fremdsprache arbeiten."

„Entscheide in der Gruppe per E-Mail wurden viel härter getroffen, die Amerikaner haben noch einen eigenartigeren Stil beim E-Mail, mit einem Schweizer geht man nicht so um."

„Es ist auch möglich, eine Identität in einem virtuellen Team aufzubauen – Projektmarketing nach innen und außen, z.B. ist es gut, eine Web-Site zu haben, da laufen eben Theorie und Praxis auseinander. Die meisten konzentrieren sich auf ihre Arbeit und die vermeintlich weniger wichtigen Dinge fallen dann runter."

„Der kulturelle Unterschied war auch im virtuellen Team zu beobachten. Das war alleine schon in der Art und Weise, wie Sachen angesprochen werden, das war das Verständnis zum Thema, das ein anderes war. Das Verständnis zum Thema Führung war in Deutschland, in den neuen Bundesländern, ein anderes als in Österreich. Wir haben offen über die Kulturunterschiede geredet, ich denke mir da hilft es, wenn ich dieses Bild vom Konstruktivismus im Hinterkopf habe – dass ich sage, ich habe da jetzt mit einer anderen Kultur zu tun, meine Aufgabe ist es nicht, sie zu verändern, sondern damit zu arbeiten, und ich muss meine Sichtweise den anderen Kulturen klar vermitteln. Diese Kulturunterschiede sind durchaus bemerkbar, man muss damit umge-

hen, es kostet Zeit und Aufmerksamkeit, aber es erweitert den eigenen Horizont."

„Wenn man viel mit virtuellen Teams arbeitet ist es wichtig, sich private Beziehungen nebenbei zu erhalten, denn ein virtuelles Team kann das nicht."

„Der Einsatz von Symbolen ist uns nicht abgegangen. Das muss schon sehr stimmig sein und sich ergeben, damit man Symbole und Namen sinnvoll einsetzen kann."

„Ich halte persönliche Treffen für eine wichtige Sache – oft ist das halt von den Rahmenbedingungen her nicht möglich. Wenn ich einmal im Jahr die Möglichkeit zu einem Treffen hätte, dann würde ich da weniger auf der sachlichen Ebene arbeiten, sondern eher auf sozialer E-bene. Denn wenn die passt, kann auf der sachlichen Ebene besser zusammengearbeitet werden."

„Das mit den persönlichen Treffen – das kann man nicht so generell sagen, das hängt von den finanziellen Mitteln, dem Engagement der einzelnen Leute ab – wie weit sind sie bereit, auch außerhalb der Aufgabe in Kontakt zu treten, dieses Vertrauen aufzubauen. Das war bei uns eigentlich ziemlich klar, dass wir das mit haben wollen, dann haben wir auch beieinander übernachtet. Aber ich glaube nicht, dass man das generell so machen / haben sollte – aber bei uns waren da alle sehr offen, das war wichtig – vor allem auch interkulturell."

„Am Anfang war es schwierig, die unterschiedlichen Organisationskulturen zu kombinieren. Man hat doch eine andere Sicht der Dinge, einen anderen Blick auf bestimmte Sachen. Aber sobald das gelungen ist – durch immer wieder darüber reden und abgleichen – war es eine tolle Ergänzung, mit Mitgliedern verschiedener Organisationen zusammenzuarbeiten."

„Der Kulturaspekt ist ein doppelter. Da gibt's die verschiedenen Organisationskulturen und die Unterschiede durch die verschiedene Herkunft. Beides war schwierig am Anfang, aber wenn man mal die richtige Abstimmung gefunden hat, dann ist das eine super Ergänzung und Erfahrung."

„Ich glaube auch, dass sich nicht jedes Problem durch virtuelle Teams lösen lässt. Man kann nicht jede wissenschaftliche und soziologische und empirische Arbeit über Teams erledigen – das geht nicht. Das wäre genauso wie wenn ich sagen würde, der Fragebogen ist die Lösung aller soziologischer Probleme."

„Persönliche Treffen finde ich sowohl auf der sachlichen als auch auf der persönlichen Ebene wichtig. Man kann durchaus sachliche Dinge abklären, aber man muss dann auch eine Art Auszeit nehmen – da darf man nicht über das Projekt sprechen. Das sollte dann viel Platz für informelle Gespräche sein."

„Wir haben alle Infos auf unsere Homepage gestellt – somit waren sie den Teammitgliedern zugänglich. Natürlich musste das sehr übersichtlich gestaltet werden. Aber dadurch hatte niemand das Gefühl, dass er nicht alle Informationen bekommt."

„Bei der Info-Verfügbarkeit für die Teammitglieder war es wichtig, den richtigen Mittelweg zwischen Effizienz und Akzeptanz zu finden – mit dem geringsten Ressourceneinsatz das maximale Ergebnis zu erzielen. Wir haben das so gelöst, dass wir zwei Provider gehabt haben – auf dem einen waren alle Infos drauf, auf dem zweiten nur die ‚Essenz', die wichtigsten Sachen. So konnte jeder auf alles zugreifen, aber auch nur auf die wichtigen Dinge zugreifen."

„Ich würde heute den Teambegriff weiter fassen, nicht mehr dieses ‚mindestens 80% der Zeit gemeinsam arbeiten', das sich einer Aufga-

be verbunden fühlen ist wichtiger für ein Team, das gegenseitige Vertrauen, sich aufeinander verlassen zu können."

„Es wäre zu aufwendig, alles zu dokumentieren – aber gewisse Sachen sollten doch festgehalten und weitergeleitet werden"

„Unserer Teammitglieder waren aus sehr viel verschiedenen Kulturen. Unsere Sprache war Englisch – da waren wir aber auch ganz strikt. Das hat bei uns sehr gut funktioniert, wir hatten keine Probleme damit."

„Bei persönlichen Treffen ist es ganz wichtig, dass man das Tagesprogramm strukturiert und abgleicht. Da muss man fachliches besprechen, aber es sollte auch Platz für menschliches sein. Auf jeden Fall wichtig ist eine klare Aufgabendefintion. Und natürlich muss man davon ausgehen können, dass die Leute die Vereinbarungen auch einhalten."